读懂孩子的启蒙期 1

呵护他的安全感

马 宁◎编著

SPM 南方出版传媒
广东经济出版社
·广州·

图书在版编目（CIP）数据

读懂孩子的启蒙期1，呵护他的安全感／马宁编著．—广州：广东经济出版社，2021.6

ISBN 978-7-5454-7749-8

Ⅰ.①读…Ⅱ.马…Ⅲ.①婴幼儿—家庭教育Ⅳ.①G781

中国版本图书馆CIP数据核字（2021）第084579号

策　　划：李　鹏
责任编辑：林跃藩　谢慧文　何绮婷　宋昱莹　陈　潇
责任校对：李玉娴
责任技编：陆俊帆

读懂孩子的启蒙期1，呵护他的安全感
DUDONG HAIZI DE QIMENGQI 1，HEHU TADE ANQUANGAN
马宁　编著

出版人	李　鹏
出　版 发　行	广东经济出版社（广州市环市东路水荫路11号11—12楼）
经　销	全国新华书店
印　刷	广东鹏腾宇文化创新有限公司 （珠海市高新区唐家湾镇科技九路88号10栋）
开　本	880毫米×1230毫米　1/32
印　张	7
字　数	133千字
版　次	2021年6月第1版
印　次	2021年6月第1次
书　号	ISBN 978-7-5454-7749-8
定　价	39.80元

图书营销中心地址：广州市环市东路水荫路11号11楼
电话：（020）87393830　邮政编码：510075
如发现印装质量问题，影响阅读，请与本社联系
广东经济出版社常年法律顾问：胡志海律师

前言

用爱与智慧陪孩子出发

每个家庭的教育都有各自的特点，同时也有一些可以改进的地方，毕竟人类社会在不断进步。越来越多的家庭在摸索成功的家庭教育方式，这些方式有很好的参考价值，它们让孩子的兴趣爱好和特质得到了很好的发展，让慢慢长大成人的下一代，既能拥有成功，又能拥有快乐和爱的能力。

而作为教育工作者的我们，有必要尝试整理一些好的教育方法，希望通过这些方法将孩子最好的可能性呈现出来，尽可能告知大家孩子生命最初阶段所需的良好养分的可能来源，给予那些愿意花费心思去爱护和养育孩子的家长们更多可供借鉴的方法。这也正是本书所要探讨的内容，希望对阅读此书的朋友们有所帮助。

从孩子出生与母亲的身体分离，断奶期的母婴分离，母亲上班的情感分离，孩子去幼儿园的空间分离，到不同学习阶段的学校人际变化，父母工作调动的环境转变，上大学的城市地域变化，都包含着需要孩子适应变化的情况。

围绕对0—3岁孩子最重要的安全感和依恋与分离的问题，本书为大家准备了以下几个部分的内容：

第一，如何建立良好的、安全的依恋关系。

第二，在必须经历的分离过程中，如何帮助孩子舒缓情绪，延迟满足。

第三，如何面对即将到来的分离状态和依恋方式的改变。

第四，对于分离产生的焦虑，怎样帮助孩子缓解。

其中包括主要照顾者发生以下几种情况的应对方法：

（1）孩子生活的环境不发生变化，原来的主要照顾者，比如妈妈，一直和孩子生活在一起，但后期因为要上班、出差等，无法用全部精力照顾孩子，所以委托老人、保姆或者其他人来协助照顾孩子每天的饮食起居。

（2）孩子成长的不同阶段，需要改变一些依恋的具体方式，比如断奶、分床睡等。

（3）孩子生活的环境发生大的变化，且主要照顾者也发生变化。这里主要是指老人将孩子带离父母身边，回老家抚养；老人将孩子从老家送回父母身边。

另外，在0—3岁孩子的家庭教育中，和谐家庭氛围很重要，我也特别做了一些分享和阐述。孩子成长过程中的每次喜悦和成绩，都离不开家庭，不仅仅是爸爸、妈妈的合作，更是所有家庭成员的主动参与和主动改变，共同建设孩子成长的有利环境。

让每个人都能从孩子的成长中获得喜悦和价值认同，同时感受到家庭成员之间互相认同和感恩的温情。在这样的家庭中，大人的欢声笑语是让孩子获得安全感最直接的方法，即便总有未知的不安，但身为孩子的守护者的我们，如果总能微笑面对不安，那么孩子的信心、力量也会是足够的。

能让大家合力付出去爱和祝福的孩子，其未来的潜能是不可估量的；而能够为爱而坦然承担责任和付出努力的孩子，未来才会有“为爱和责任而崛起”的梦想。

带孩子看到更大的世界，一天一天陪着他长大，虽然总有一天我们会放手，但其实并不是把孩子交给别人，而是联合更大的世界，换一种方式来帮助孩子，让他知道如何飞翔，如何落地休息，如何收获爱，如何看到自己心中的爱，等他长大，再慢慢教会他辨析爱的方式和自我坚持的责任与力量。这就是孩子长大的轨迹。

如果父母在看着孩子远行的背影的同时，还能在心里感受到彼此关爱，那么远行，只代表我们每个人都越来越独立。

生命中总存在着各种分别，但我们的爱从未远离！

让我们从孩子的生命之初开始，用爱和智慧陪伴他健康成长！

目录

01

早期家庭教育的重点和现状 / 1

02

03

扫一扫，马老师
亲自传授育儿技巧

01

早期家庭教育的重点和现状

part 1 幼年期经历对孩子的影响

经常听到有人说，“3岁看大，7岁看老”“0—6岁的孩子和重要抚养人之间的互动，决定了孩子终身的各种能力”，那么应该怎么理解幼年期的家庭教育对一个孩子的终身影响呢？

1 人的改变力是终身的

首先我要说的是，“决定”和“重要影响”是两个不同的概念。

“0—6岁的孩子和重要抚养人之间的互动，决定了孩子终身的各种能力”的说法，在我看来有“标题党”的嫌疑。这实在是夸大了家庭教育以及外部环境对人的影响，而弱化了生命本身具备的无限的成长可能性。

> 成长是受主观和客观的环境共同作用影响的，因此有了“内因”“外因”和“果”的相互关系。

根据马克思主义哲学，我们可以这么认为，“内因”就是我们自己内在的因素；“外因”是指外在的客观原因；“果”指的是事物的结果。“内因”+“外因”=“果”，内因和外因共同作用，产生相应的结果。

因此，孩子的成长，是内因和外因共同作用的。

事实上，人在成年之后，大脑发育完善，具备了独立的分析能力、辨别能力和选择能力。可以进行自主选择之后，即便过去的成长过程受限，也可以通过回放来重新面对问题，有重新进行选择、判断和改变的可能性。

哈佛大学的积极心理学课程也谈到，过去人们认为大脑的发育时间主要在3岁内，现在人们认为人的一生中大脑都在成长，只不过发育高峰在幼年期。

长大后人们可以选择的环境也在改变，不论是家庭、学校、人际、社会、大自然等的变化，还是信息渠道的改变和个体感受的改变，都会影响特质的重新配置和改造。

也就是说人的学习能力和改变能力是一辈子都在发展的。

那些对自己有着很高要求、认为自己不够完美的父母们，可以不用过度焦虑。

2 早期家庭教育的影响力是终身的

同时，我也客观地说，尽管0—6岁的孩子和重要抚养人之间的互动，不能决定孩子终身的各种能力，但是它对孩子一生的影响的确非常之大。

相对成年人而言，一个孩子在12岁大脑发育成熟之前，对自己和世界的认知都很有限，尤其在0—6岁的阶段，孩子的大脑处于开始成长的阶段，无论是认知能力、语言的表达能力，还是社会经验，都不足以让他们去完全了解自己和外界环境之间发生的一切，也不足以去了解这些外界环境对他们自己造成的确切影响是什么。他们更多的是通过外界环境来引领认知的，所以外界对于他们来说是安全的、可探索的，还是危险的、不能触碰的，这些理解和判断都受外界环境的影响，回应的方式也受外界环境的影响。

同时，由于大脑发育有限，孩子在3岁以前的记忆方式更多的是身体记忆，不是意识记忆，很少有人会想起3岁以前的事情。而这些沉淀在身体当中的恐惧和不安等无意识、直觉的感受和认知，很难在成年后被大脑认知和辨析。无法辨析恐惧、不安的来源，就无法重新选择应对的方式，对结果也就容易产生不可控的危险感。

比如，一个小孩被大火吓到过，而周围的环境没有给他留下可以控制这个场面的印象，那种恐惧的感觉会一直留在他的心中，他长大之后，见到火就会有一种恐惧的直觉反应，这就是身体记忆的结果。

如果他一直没有进行专业的潜意识调适，就很难找到自己对火如此抗拒和恐惧的原因，也就无法通过大脑来命令自己不去抗拒和害怕火，因此就无法改变行动，从而可能一生都怕火。

这种与火相关的恐惧感、无力感、挫败感一次又一次叠加之后，随着年龄的增长，他处理潜意识中和火的这种对抗的难度就会更大。

比如，当一个孩子从家庭关系中得出一个结论——“我觉得这个世界上是没有好人的”，或者是“我觉得这个世界上不会有人对我好的”，那么在他的成长过程中，他会不断注意人际关系中互相伤害的事件和结果，以证明他的这个结论是对的；对于人

际关系中的相互宽容、退让却容易选择性忽略或者遗忘。

随着年龄的增长，这些选择性吸收的信息会慢慢形成一层层的盔甲，包裹在最初的那个核心问题之外，让问题变得越来越严重，甚至让周围的人感觉很难与之探讨。

成年人从小没有解决的问题，总会派生出各种各样的思维模式，在其之后的成长经历中，他会定向选择吸收周边信息。也就是说，他认为这件事情是怎样的，就会选择和这个观点相关的事件和结果来印证自己的观点。

因此，根据我的咨询和培训经验，可以总结出：

一个3岁孩子的情绪发泄和处理可能只要几分钟，一个成年人却几个月也缓不过来，还会影响其他的事件；一个10岁的孩子和同学发生矛盾，15分钟就可以弄清楚问题，一个企业高管可能需要一两个小时才能梳理出大概的头绪。

3 给孩子一个好的开始

随着现代心理学的发展，已经有很多方法可以在这方面给大家提供一些帮助。这十多年来，我给许多成年人提供了心理治疗，帮助他们进行意识、价值观、行为方法的重建。只要发现来源，修复就有可能，就好像驱魔人说的，“只要你能喊出魔鬼的名字，魔鬼就能被驱走”。这是同一个道理。只是价值观和方

法论的调整，是需要花费比较多时间的。

但这还不是最大的问题，最大的问题是在他们咨询专业人士之前，很多人并没有意识到自己或者孩子在这个部分存在的缺失，在意识到问题之前，他们往往已经花费了大量的时间、精力，甚至爱和金钱，却依然无法解决问题。原因就在于，幼年期的问题，在成年后不容易被发现，因此也就很难调整，从而对人生产生巨大影响。

0—3岁的阶段，生命的状态是从以无意识为主到慢慢发展出有意识的雏形阶段。在个体的整个人生中，这个阶段受环境影响最大，该阶段产生的影响，不论是好的还是坏的，后天最难改变。如果造成了好的影响，这些沉淀在他们心底的种种身体记忆，会在他长大遇到不好的境遇时，带给他更多的希望并让其坚持；如果造成了坏的影响，未来想要改变，是比较困难的。

这就是所谓“3岁看大，7岁看老”的说法来源。

生命最初的模具基础太重要了。

如果在孩子幼年发生问题的时候，父母或周边的成人能很好地安抚和引导，这个经历会为孩子的成长过程助力。因为每个人都是在不断受伤中成熟起来的，如果环境给予了好的模具，孩子就只需要在这个模具的基础上不断发光就好了。

一个早期被用心塑造的生命，后期的自我突破和改变的难度就会小得多，就能把更多的精力放在影响、帮助他人和实现更大的社会价值上。

同样，如果环境给予的模具基础不好，不要说发光，即使是一颗珍珠，后期也会被当成废料自我毁坏了。

而家庭，作为最接近这些幼小生命的单位，虽然对于整个社会来说，一个家庭的影响似乎不是很大，但是对于幼小的孩子来说，家庭的影响是巨大的。尤其是在孩子的0—3岁时期，这个阶段所接触的最密切的人和环境，就是家庭，孩子看到的世界就是家，在这个阶段家庭几乎是孩子的唯一影响力来源。在这个关键的阶段，家庭对孩子生命最初的模具塑造，实在是太重要了。

幼年的孩子，他们的能力有限、认知有限，容易有不安、挫败、对未知事物的害怕等负面情绪和心理认知，尤其是0—3岁的孩子，最需要安全关怀。那么，怎么能传递给这个阶段的孩子他们所需要的呢？我们首先要来了解这个阶段的孩子需要的是什么，才能对症下药。

虽然没有完美的父母，也很少有父母能给孩子完美的开始，但是认真学习、尽最大努力科学给予，是每个爱孩子的父母必备的品质。

part 2 0—3岁的孩子安全成长需要什么

【我们理解中的“依恋”的定义】

孩子与主要抚养者（通常是母亲）之间的最初的社会性联结，也是情感社会化的重要标志。新生儿和幼儿早期处于一种无助状态，生存的本能让他们寻找保护者。依恋是他们的本能，目的是唤起注意，使一个依恋对象能留在身边，在危险和不安全情境下提供保护。

家庭教育如果想要满足孩子成长的需求，一定是通过孩子和父母或主要照顾者的互动慢慢渗入、发现其需求，我们称孩子的主要抚养者为孩子的依恋者或者照顾者。

一般家庭教育将孩子和父母的依恋关系称为“亲子关系”，但是本书内容所探讨的“依恋关系”，不仅仅针对亲子关系，更是泛指让孩子产生了依恋关系的所有人，包括父母、老人，甚至是保姆和其他亲戚。这些孩子生命早期的依恋者对孩子的影响都很大。

一般来说，孩子出生后第一年是形成依恋关系的关键时期，一岁多的孩子已经可以跟主要照顾者形成一种依恋关系。依恋关系建立得好，会建立起对彼此的信任感、对未来的信心和希望。

我们总结了0—3岁孩子成长对依恋者的三点需求。

1 安全依恋的需求

孩子对照顾者有安全依恋的需求，照顾者需要为孩子建立安全区。

这个安全区的意义，是尽量让一岁以内的孩子感觉到世界是安全的，在孩子有需要的时候，可以使其满足和得到支持。

从一岁半开始，孩子产生主动探索欲求之后，安全区的作用是为孩子提供有安全感的关系和环境，让他在感到陌生和不安时，可以退回安全区“充电”并得到保护。这里值得孩子信任，可以让孩子充分感受到被祝福、被支持和被爱护。

2 安全探索的需求

正如前文所说，每个孩子天性中有不安和好奇感，对于不同的事物，其反应程度都是不同的，他们各自有着和他人不同的特点和相对安全区，有自己本能亲近的事物，也有让他们本能感到不安和害怕的事物。因此关于孩子对外界环境的探索，首先并不是教育他们探索让他们感到不安全的事物，而是让他们对感到安全、亲切、愿意关注的事物进行探索。

父母要尊重和保护孩子进行安全探索的需求，发展孩子自我信任的能力，让一个生命愿意从信他发展出自信，使孩子得到更好的引导和干预。

> 对于父母来说，要比较敏感地去发现自己的孩子在这个阶段的关注点可能是什么，保护他们的安全探索需求，使他们增强自信。

3 对不安领域探险的需求

这种需求也被称为“突破”教育。我们会在安全探索之后再来谈“探险”。针对让孩子产生较强不安全感的事物，如果父母想让孩子尝试探索，或者孩子自己想要探索，我们称之为孩子的“突破”和“探险”。

这三者在生命中的关系，很像投资者用来比喻资金投入的关系：安全依恋就好比我们的日常生活花费；安全探索就好比我们的中长期稳健投资；而探险则代表大风险投资，收获可能很大，但危险系数也比较高。

我很喜欢用下图来形容这三者的关系。

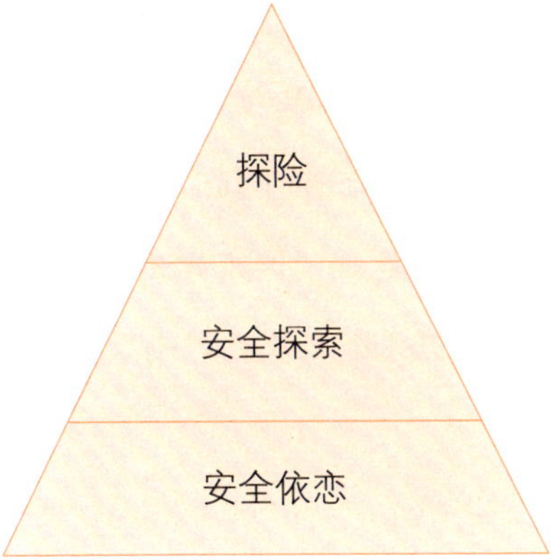

风险比较大的投资，往往在生活中占有比较小的比重，而在底部的安全依恋，则决定了我们的人生是否能足够平稳地向前发展。随着年龄的变化，三者的比例关系可能会有不同的改变。

金字塔的建造，是需要从底部开始的，也就是说“安全依恋”决定了以后的“安全探索”和“探险”。

【哈洛的恒河猴实验】

20世纪60年代，一位著名的心理学家哈洛进行了一项实验。哈洛把幼猴放入陌生的环境后，又放入两只假猴子代替真母猴，其中一只“母猴”用硬邦邦的铁丝做成，但胸前特别安置了一个可以提供奶水的橡皮奶头；另一只“母猴”用木头做身子，再用软绵绵的绒布包裹起来。

刚开始，幼猴多围着“铁丝妈妈”，但没过几天，实验员发现：幼猴只在饥饿的时候才到“铁丝妈妈”那里喝几口奶水，其他更多的时候都是与“绒布妈妈”在一起；幼猴在遇到不熟悉的物体，如一只木制的大蜘蛛时，会跑到“绒布妈妈”身边寻求安全感。

案例中的小猴子，寻找安全感的需求比探索的需求更为强烈。危险来临的时候先去抱“绒布妈妈”，等不安全感平复后自然会离开“绒布妈妈”去面对那个“危险源”，我想这就是安全依恋与探索的关联性。人类也一样。依恋关系的爱护，是为了给孩子一个安全区域，让孩子在具备足够安全感之后，有勇气去面对和认识那个不安的来源，从而有机会融入外面的世界。正如当父亲或母亲在场时，孩子们往往更充满好奇心，更乐意去探索他们周围的环境，这是因为父亲或母亲在场让他们感到安全和放心。

正如前文所说，当一个孩子对外部陌生世界的第一天性“不安全感”出现时，他的第二天性——“好奇、信任”，就会暂时被屏蔽。

而当一个孩子拥有稳定的安全依恋关系的

时候，他的第二天性中对外部事物的好奇、信任会重新出现，带领他进行安全探索，了解周围的新鲜事物、与别人接近，从而对他今后的认知发展和社会适应产生良好影响。

因此，如果想要让孩子未来能保持对外探索的热情，培养其各种社会性的能力，并慢慢能够独立地自由施展，首先要给予他们一个能够让其安全依恋的港湾，他们生命本能原动力中的好奇和信任才会自然呈现。尤其是对1岁之前的孩子来说，首先不是培养其独立性，而是培养稳定的依恋关系和安全感。

关于安全探索和探险部分的引导，我们会在《读懂孩子的启蒙期2，保护他的探索欲》中详细探讨。本书后面的部分主要和大家讨论如何培养孩子稳定的依恋状态的心理和情感基础。

part 3 依恋关系的几种常规表现

1 孩子依恋模式的实验

1978年，心理学家玛丽·D.安斯沃斯（Mary D. Ainsworth）针对18个月大的孩子和其主要抚养人之间的互动关系，做了非常有名的孩子依恋模式的测试。

【测试的主要内容】

妈妈带着孩子进入一个陌生的房间，其间进来一名工作人员代表陌生人，然后跟母亲交谈几句之后，母亲离开；孩子和这名代表“陌生人”的工作人员继续留在房间里，过一会儿妈妈再回来，工作人员离开。

【测试的几个要点】

首先妈妈带他去一个陌生的环境，他是会在妈妈的身边待着呢，还是可以放松地去尝试了解房间里的各种玩具；

当一个陌生人进来的时候，他的表情反应是什么样的；

妈妈跟这个陌生人谈话，几分钟以后，妈妈要走了，这个孩子会有什么反应；

妈妈走了以后，他会怎样表现；

等妈妈回来后，他会怎样表现。

亲爱的读者朋友们，你们可以把你和宝宝之间的互动模式对应下面几种总结出来的表现形式。你们认为，哪一种或几种依恋关系属于安全依恋呢？

孩子们的行为，总结起来有下面四种典型的依恋关系表现形式。

第一种孩子的行为表现	第二种孩子的行为表现	第三种孩子的行为表现	第四种孩子的行为表现
妈妈带他到一个陌生的环境里面以后，孩子就很开心地找各种玩具玩； 陌生人到来的时候，他会看一看陌生人，先回到妈妈的身边，在妈妈和陌生人说话的过程中，他又慢慢地开始探索； 妈妈要走的时候，他会难过、不舍； 妈妈走了以后，他慢慢地又开始玩玩具； 妈妈回来了，他会跑去拥抱妈妈	妈妈带他到一个陌生的环境里面以后，孩子开始在房间里玩玩具； 陌生人到来的时候，他会看一下，接着继续玩玩具； 妈妈要走的时候，他安静地看看妈妈，然后接着玩自己手头的玩具； 等妈妈回来之后，他依然安静地研究自己手里的玩具	他跟妈妈走进陌生的房间以后，就一直偎依在妈妈的身边； 陌生人到来的时候，他还是依偎在妈妈的身边； 当妈妈准备离开的时候，孩子开始哭，很难过、很伤心，甚至很愤怒； 妈妈离开了以后，孩子一直在哭； 等到妈妈回来以后，孩子会去抱妈妈，但他同时会哭喊，会打妈妈，会撕扯妈妈的衣服	他的表现是矛盾的。有时候表现为第二种，有时候表现得类似第三种，尤其是在妈妈回来之前，他前面的反应和第三种类型有点像，不一样的是在妈妈回来之后，他会伸开手想让妈妈抱，但往前一步，往往会再后退两步，有的甚至边哭边退，边跺脚

2 几种常见的孩子依恋关系

上述测试是一个非常有名的依恋关系测试。如果父母们在测试之后没有了解如何改善与孩子的互动模式，也就是说他们和孩子的互动模式一直保持不变，那么从这些孩子18个月大时和父母的互动模式中，基本上可以看到他们18岁以后的人际互动模式了，甚至有相当一部分人在成年后的亲密关系模式也将和他们在幼儿期所发展的依恋模式密切相关。具体分析如下。

随着年龄的增长，第一种依恋关系将逐步发展成安全型依恋，而后面三种依恋关系分别是孤独型依恋、焦虑型依恋、矛盾型依恋。

安全型依恋的孩子对父母的信任感往往非常高，智力发育也良好，由此发展出的对他人的信任感和自我的信任感都非常好，有困难时善于求助，同时能够尊重别人，在人际关系上不容易怨恨，善于经营团队关系；可以正确解读父母的批评和教育，善于用协商的方式来处理问题；会很健康地依恋自己的家庭、工作团体，以及其他人。

孤独型依恋的孩子长大后，他的情感、情绪都不怎么外露，在工作中很少提要求，主要都是自己搞定，有点“酷酷”的感觉。所以相

对来说，领导往往会认为他很理性、懂事，做事的能力还可以，在职场中，这样“酷酷”的、有点聪明的人，还是比较受人欢迎的。但他和别人合作的能力就比较弱，尤其是在他遇到困难的时候，不太会请求支援，因此容易在遇到大的挫折、自己不易搞定的时候，出现消沉情绪，甚至自我封闭。

同时，孤独型依恋的孩子长大后，在婚姻和亲密伙伴的沟通中会存有很大的问题。由于他很少直接表达自己的需求，在情感上跟人保持着一定的距离，当有问题的时候往往不自知地指责他人，而当对方想要和他沟通解决问题时，问他：“你是不是需要这个？是不是想干那个？”他一定会说：“我不需要！”他绝对不允许别人看到他的需求，因而使得问题变得难以探讨，同时回避过多的亲密接触。这个时候他们的“独立”会使其变得缺乏帮扶能力，甚至可能让人感觉他很冷漠，而冷漠就是关系“死亡”的开始。

形成的原因我们会在后面的章节继续讨论。

一般来说，焦虑型依恋的孩子会变成相对孤独型的孩子，他们的依恋关系基础稍微好一点，他们会和人探讨自己的需求，但是由于过度纠缠依恋关系的状态，自己本能的探索力没有被打开，因此不容易深入工作，承担稳定性工作的时候有一定的难度。

同时，由于情感上对依恋对象过于依赖，当这些压力产生的时候，又很容易将压力带来的情绪转移到依恋对象身上。

另外，在人际关系尤其是亲密关系中，他们总是需要被时刻关注，因此会比较注意自己没有被满足的地方，对于“被忽视”非常敏感。同时，他们常用抱怨和愤怒等发脾气的方式来表达需求，这常常使关系在刚开始的热情过后，渐渐地变得剑拔弩张，亲密关系危机频出。

矛盾型依恋的孩子长大后，会交替出现第二种和第三种不安全依恋状态，有的时候会若无其事，有的时候会歇斯底里。他们经常处于混乱的状态，让周围的人不知道如何应对。这类人群往往是对外的不安全感最高的人群，也是心理和精神问题出现比例最高的人群。

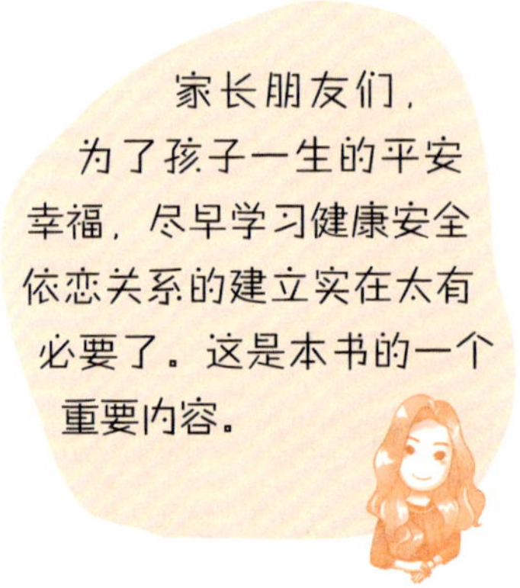

而在我以往讲课的现场，我发现如果事先不给出定义，只说表现，会有一定数量的父母认为第一种状况的孩子是不健康的，指责他们在父母离开的时候，“不能够理解父母”“不懂事，

黏人”。

同时，有相当多的父母会喜欢第二类孩子，因为感觉这种孩子非常好带，“很懂事”“不会给大人造成太大的麻烦”。如果仅仅从父母是否方便的角度去带孩子，是很难了解孩子真实的需要的。关于孩子依恋关系的识别和安全依恋的专业知识学习，对于孩子成长是极其重要的，同时孩子的成长效果又会反过来影响家庭。因此父母们还是要花点时间来进行学习和了解。

最后，也请读者不要突然对此感到担忧——“如果我的孩子出现这样的情形，是不是就没有救了？”以上结论的得出，是在父母始终没有进行专业的教育知识的学习并改变的情况下，持续多年采用某些固定模式形成的。而越早学习越容易修正这些互动的影响，引领孩子与父母建立健康的依恋关系。

扫一扫，马老师
亲自传授育儿技巧

02 建立安全依恋关系的重点

前面我们已经谈到了建立安全依恋关系对于孩子成长的重大影响，接下来我们来谈谈，如何建立良好的安全依恋关系。

part 1 “接触安慰”理论

1 孤独型依恋的形成原因

安全依恋关系的建立对于孩子健康成长非常必要，但并不是主要照顾者一直和孩子在一起，就能建立良好的依恋关系。依恋的质量与相处的时间并不成正比，但和照顾者对孩子发出需求信号的敏感度以及回应方式有着很大的关联。对孩子需求反应不足的话可能会导致他们发展成非安全型孩子。

接下来我们先重点探讨：如何了解孩子的需求，以及如何接收孩子的需求信号。

安全依恋关系中的照顾者应对孩子发出的需求信号给予适当强度的回应。

我们在前面所谈到的非安全依恋关系当中的孤独型依恋关系孩子的形成，就与此有关。这种关系当中的孩子往往在被忽视得很严重的环境下成长。照顾孩子的成人对待孩子没有太多实质性的回应，对他们的哭泣和需求表达持续表现出冷漠的反应，很少与他们有肢体碰触或拥抱，很少在他们哭泣的时候去给予安慰，从而导致孩子的依恋心理需求没有很好地被满足。

这些孩子长大后，当他们遇到困难的时候，往往有一种看不见的力量让他们不敢也不愿去表达需求，因为他们在孩子期表达诉求的时候有太多的叠加性的挫败感，因此孤独型依恋的孩子对于被拒绝非常敏感，所以他们才会不擅长对外表达自己的情绪，同时也不愿意对外诉说自己的需求。

如果想要避免孤独型依恋关系的产生，引导孩子建立安全依恋关系，需要注意两个重点内容：

第一，了解这个阶段孩子的需求，以及他们的需求信号。

第二，给予他们适当强度的回应。

2 “接触安慰”实验

说起孩子的需求，首先当然是生存的需求。生存需求包括对食物（比如母乳、奶粉、米糊等）的需求，还包括对身体的舒适、尿布和衣物的更换、疾病和疼痛的关注等。这些需求的满足办法可以从医院和一些专业母婴机构那里学习。

除此之外，还有什么呢?

我们来看一下20世纪60年代一位著名的心理学家哈洛的两个实验。

【实验过程】

哈洛在实验室培养的幼猴经常受到母猴疾病的感染，于是他把刚出生的幼猴与母猴分开，把幼猴放入单独的笼子进行人工抚养。

哈洛发现，当把笼子底部的布垫拿去清洗时，幼猴变得非常生气和焦虑，用瘦小的身体压住布垫，双手紧紧抓住布垫不放，尖叫不停；而当他把奶瓶从幼猴的嘴边拿走的时候，幼猴只是舔舔嘴唇，或者用手擦去下巴上残留的奶水。

从拿走布垫和奶瓶时幼猴的反应来看，依恋与奶水没有多大关系，反而与布垫有关。

哈洛猜测，幼猴除了基本的饥饿、口渴等生理需求外，它们还有一种要接触柔软物质的需求。

为了验证这个理论，哈洛做了非常有名的“代母实验”，这个实验在前文（P11）也出现过，我们再来分析一下。

实验结果显示，在“绒布妈妈”和“铁丝妈妈”同时存在的情况下，经过最初几天的调适后，所有的幼猴几乎整天都与“绒布妈妈”待在一起。

按哈洛的说法“一个是柔软、温暖的妈妈；一个是有着无限耐心、可以24小时提供奶水的妈妈”，如果从人们“有奶就是娘”的常理推断，幼猴应该和有奶的“铁丝妈妈”更亲近。事实却不是这样。刚开始幼猴多围着有奶的“铁丝妈妈”，调适几天之后，幼猴只在饥饿的时候才到“铁丝妈妈”那里喝几口奶水，其他时候更多是与“绒布妈妈”待在一起。

另外，如果两个“代理妈妈”具有一样的温度，则幼猴总是选择“绒布妈妈”；如果“铁丝妈妈”温暖，而“绒布妈妈”冰冷，则幼猴乐意选择“铁丝妈妈”。这说明，温度也是决定依恋的一个因素。

由于猕猴和人的基因有94%是相似的，它们身上所反映的正是人类最初始的情感状态。从这个实验可以看出，幼猴对柔软的依恋和需求远远超出了对食物的需求。

因此，食物、水等基本的生存需求的满足，并不能让孩子顺利建立和母亲之间的依恋关系，反而是对孩子柔软、温暖的接触才导致依恋关系的自然形成。缺乏这些接触，孩子在心理和精神上就会感到死亡的威胁，甚至发展成心理或精神有障碍的人。这就是哈洛的“接触安慰”实验。

了解了这个原则，孩子的照顾者们就可以据此进行相关的育儿互动。

哈洛的发现对当代的育儿理论产生了极大的影响。许多孤儿院、社会服务机构、爱婴机构都或多或少地依据哈洛的发现调整了自己的相关政策。

3 模仿母体环境

近代一些心理学家也做了大量实验，他们探讨为什么孩子对温暖、柔软这些感受有如此大的需求，后来提出了模仿概念。他们认为，如同成年人被调到了一个新的环境后，往往会因不适应而产生不安和紧张感，环境差距越大，这样的不安和紧张感越严重。而如果过一段时间能回家体会一下过去熟悉的感觉，会让他们的心情放松，从而使其大脑中对新环境的认知进入身体记忆的阶段，当我们带着这样的身体记忆重新进入新的环境，会发现接受度自然增加。

他们提出，对于刚刚来到这个世界上的小生命来说，更是如此。从在母体中成长，到作为独立个体存在于这个全然未知的世界，整个环境完全改变，陌生和不习惯就会带来不安全感。他们的紧张和不安比成年人换环境所经历的要大很多，因此他们需要更加细致的呵护。在初生的一段时间里，尽量再现母体中的环境给予孩子的感受，然后让他们慢慢适应新的环境，以便让孩子建立安全感和依恋关系。

最为明显的是，胎儿整个身体被羊水包围着，身体的每一寸肌肤都被温暖和柔软包围着，但当他出生后，身体裸露在空气中，就会失去那种被羊水包围的感觉，少了温暖、轻柔的包裹感。

因此，专家认为在水中出生的孩子心理适应性会更好。经过一些科学的研究和风险的规避实验，我们经常看到一些国外的妈妈在水中分娩的例子；而国内现在也出现了很多孩子出生后就可以参加的温水游泳。这些都是对孩子适应出生后的环境有很大帮助的过渡活动。

另外还有一些国外的心理专家组织，针对孩子在母亲羊水中的情形，模拟出了几个情景，用来安慰几个月大的哭泣的孩子，并做了大量的实验，发现效果非常好。

（1）用裹被包裹孩子。

现在有些新式育儿方法提倡给孩子“自由”，认为孩子躺在床上的时候不要包裹他。在一些地区的老式教育中，我们反倒看到一些老人们用一些软布轻轻绑裹住新生的婴儿。

在这个实验中，父母被要求用裹被将孩子的身体和四肢都包裹起来。因为这样可以让孩子们体验肌肤接触的感觉，如同被羊水全然地包围。正如幼猴大部分时间都尽量将自己的身体贴在“绒布妈妈”的身上一样，依照的是接触安慰的原理。

（2）在孩子的旁边打开吹风筒或者让电视机播放“雪花屏”时的声音，或者大人口中发出“嘘嘘”的声音。

很多家长以为太多嘈杂的声音会让孩子受不了，所以要把房间所有的声音都关闭，让孩子听不到声音，以为安静的环境可以让孩子安心入睡。

这个实验告诉大家，虽然太过尖厉的声音会让孩子感到恐慌，太多陌生的声音对孩子的大脑发育也造成干扰，但由于孩子在出生前处于母亲的羊水中，如果太过安静孩子反而不习惯，某些声音如果接近孩子在羊水中听见的声音，反而能有效安抚孩子。

实验中示范的内容：在孩子的旁边打开吹风筒或者让电视机播放“雪花屏”时的声音，或者大人口中发出“嘘嘘”的声音，这些都会对孩子有良好的安抚作用。

除此之外，还可以在房间间断性地放一些莫扎特的音乐。莫扎特和贝多芬都是著名的音乐大师，但是贝多芬的音乐比较深沉、有力量，适合青春期前后的大孩子听；而莫扎特的音乐有一种混沌初开且温暖的感觉，比较适合刚出生的孩子。

（3）建议使用摇篮。

哈洛在猕猴试验中还发现，如果仅仅对幼猴进行柔软和温暖的安抚，其长大后与同伴的互动还是存在问题。因此他将“代母”做成摇摆式的，结果幼猴们的情况有所好转。

因此，当时的孤儿院的工作人员得知，仅仅向孩子提供奶瓶是不够的，还要抱着孩子并来回摇动。

后来，心理研究工作者们认为摇篮是一种非常好的帮助孩子睡眠、安抚孩子的有力工具。这也许和他们在母体羊水中经常被晃来晃去有关。所以，准备一张

所有的这些做法，最重要的目的，是模仿孩子在母体中的环境，让孩子的身体记忆得到匹配信息，从而安静下来，逐渐适应出生后的环境。

可以晃动的宝宝床，或者一个摇篮，对新出生的小宝宝都很有帮助。

有些家长认为，不要让孩子从小养成要什么就给什么的习惯，譬如一哭就抱。事实上，刚刚出生的孩子对新的世界一点点认知都没有，所有的改变都会带来不安。他在妈妈肚子里的时候，日常所需要的营养物质是通过脐带来传输的，处于全然、自然满足的状态。因此我们建议在孩子0—3个月的时候，尽可能满足他的各种需求，让他在饥饿、害怕的时候立刻得到妈妈的奶水和拥抱，让他先有一个足够的安全认知环境，再慢慢适应和改变。这是非常必要的。

part 2 肢体语言的互动

1 拥抱和抚摸等肢体接触

资料显示，“二战”中的许多孩子被送到孤儿院，尽管能保证温饱，但是大部分孩子还是去世了。于是孤儿院要求照顾孩子的修女们与孩子们保持距离，并在孩子床铺之间隔上布帘防止疾病的传播，但情况并未好转。然而，其中一位修女照顾的孩子都十分健康，后来发现，这位修女违反要求，经常抱起孩子。难道这就是原因吗？后来孤儿院增加看护的人数，并让修女们多抱抱孩子，果然孩子的死亡率显著下降。

拥抱，是满足温暖和柔软需求的非常好的方式。刚出生的孩子需要经常被拥抱和抚摸，这让孩子觉得安全和充满爱意。事实上，孩子们也总是对那些特别温柔又呵护的拥抱十分敏感和眷恋，他们会依恋那些给予他们食物、温暖、柔软触感和保护的人。

我们在和医院妇产科医生的沟通过程中，多次听说早产儿需要肢体抚摸。每天3次、每次15分钟的肢体抚摸，将会帮助孩子快速、健康地成长。

心理学家哈洛还总结了全世界各国的育儿方式，认为中国南方（当时）的养育方式最好：平时是妈妈背着、抱着，劳动时也将孩子背在身上或抱在胸前，孩子与妈妈有亲密的接触，有极好的安全感。所以当时的医生便建议，要将新生儿直接放在妈妈的肚子上，以便于增强孩子和妈妈的互动。

正如哈洛所说：“早期哺乳行为使孩子与母亲之间经常发生亲密的身

体接触。显然，人是不能仅仅依靠乳汁来生活的。”

有些孩子在断奶阶段，不容易断奶，也许就是因为眷恋妈妈哺乳时候温暖的拥抱，而不一定是母乳。给孩子足够的拥抱和抚摸，以及进行各类身体互动，而不是仅仅在哺乳时才抱起孩子，这是让孩子建立内在安全依恋的重要基础。内在安全依恋较好、信任度比较高的孩子，比较容易在行为方式上被依恋者引导，从而在断奶、分离等事件中自然过渡，不会产生过大的焦虑情绪。

现在有一些简单的小儿推拿的中医手法，也可以帮助父母们在给孩子抚摸的同时，更好地帮助他们健康发育，这不失为一个不错的互动办法。

2 轻抚与游戏

前面我们谈到了拥抱和肢体抚摸，这里我们再谈谈父母肢体语言的表达，在这个过程中要求照顾者的动作一定要轻柔。照顾者可以在做这个动作之前先调整自己的呼吸，让自己的身体放松，全身都放松后再去给孩子做肢体抚摸。大人的动作轻缓，孩子就会感觉到放松；如果大人的自我放松不到位，动作比较急速，会传递给孩子不安的情绪。因此准备动作是非常重要的！

在生活中我们常看到孩子一哭，想要安抚他的父母就使劲、快速地拍打孩子，或者抱着孩子使劲地抖腿，殊不知这些动作当中，不自觉地夹带着父母的焦虑情绪，无意识中告诉孩子“我不接受你这样”“你不要再哭了”。这个阶段的孩子非常敏感，这样做反而会加重孩子的不安全感，所以孩子也很容易变得更加喜欢哭闹。

我们建议在孩子哭闹的时候，不要快速拍打孩子，而是用手抚摸孩子的后背，比孩子哭的速度慢一点，这样既可以使孩子用哭泣来释放情绪，也可以帮助他慢慢安静下来。

现在有一些优秀的早教机构，可以很好地设计安排年轻父母和孩子的互动内容，包括在儿歌音乐中给孩子做身体抚摸、身体操、换尿布等，这个过程让年轻父母也可以放松心情，用和孩子一起做游戏的心态，和孩子进行肢体互动，效果也自然好了很多。

虽然这样的课程，不能完全改变父母的自我情绪管理和应对模式，但已经提供了良好互动的机会，提供了很多父母对孩子进行亲密爱抚的方法。

如果孩子在年幼的时候和父母的肢体互动很自然，那么他在未来和别人的肢体互动也会非常地自然。反之，如果小时候与父母

肢体互动很僵硬，未来就要在互动前做很多心理的准备和身体的放松，甚至在性关系当中都需要自我调整。

3 情感与眼神的交流

资料1：斯皮茨的《医院制度》（*Hospitalism*）一书详细记录了他在育婴堂观察到的现象。那些仅获得食物给养的弃婴，由于极度缺乏或根本没有获得养育者的情感互动和抚触，他们会变得安静、孤僻、忧郁，一部分不到一周岁就死亡了，活下来的另一部分，也难以像正常的孩子那样发育，甚至不能坐、立、交谈。

资料2：前面章节的两组猕猴实验没有完结。不论是“绒布妈妈”带大的猕猴，还是“铁丝妈妈”带大的猕猴，成年后在社会关系和性关系上都出现困难。

实验人员把它们和另外一些吃母乳、在母亲怀抱中正常长大的猕猴放在一起后，发现这些从小没得到正常母爱的猕猴不能正常融入集体生活，大多数性格冷漠，不会交配或拒绝交配。

实验人员通过人工办法让这些有心理创伤的母猴怀孕。待小猕猴出生后，这些母猴在养育方面存在严重障碍。它们排斥自己的子女，对小猕猴冷漠而无情，拒绝喂养和爱抚，残忍地虐待小猕猴，有的甚至咬死了自己的孩子。

从中我们可以看到，虽然幼猴可以从“铁丝妈妈”那里获得充足的食物，也可以抱着“绒布妈妈”获得身体的接触和安慰，它们的身体可以一天天长大，单独面对世界的时候也有一定自我安抚的能力，但是由于得不到心灵和情感互动，它们对外的社会性发展会出现困难。

因此，如果想让一个孩子在未来拥有良好、健康的人际互动关系，依恋关系的心灵互动是非常必要的。温暖的怀抱、慈爱的眼神、温柔的话语、肌肤的相亲，都是一个有智力的生命正常成长不可或缺的东西。

（1）微笑和具有亲和力的表情。

慈爱的表露，不仅仅是指眼神的互动，还有肢体语言和语气、表情的互动。

各种心理学研究都表明：在两个人有效的沟通中，语言文字的影响力只占到了7％左右（影响力是最低的）；语气和表情的作用占到了35％左右；肢体语言的作用最大，占到了58％左右。

刚刚出生的小孩子，在对语言还不是完全理解的情况下，他们通过抚养者的肢体语言和语气、表情，来感知外在的危险和安全。

如果可以的话，经常对着镜子看一看，自己的表情是微笑的还是眉头紧皱的？是否能让孩子感觉到足够的亲和力？看着孩子的时候，眼神是否专注且不带有征服感和压力？是否经常在和孩子的互动过程中用沉默、微笑和点头这些小动作来表示你理解了孩子的感受？

（2）眼神的关注。

父母还需注意的是，不仅要与孩子有肢体上的接触，还需要有眼神和心灵的交流。

很多妈妈为了照顾孩子，放弃工作转做全职太太，想要给孩子更多的安全感。但是当她们真的和孩子在一起的时候，我们又会看到很多妈妈抱着孩子，不停地在和周边的人说话或做其他的事情，和孩子没有眼神的交流，也没有发自内心去寻找孩子表达感受的表现。

成年人的恋爱为什么让人感觉如此甜蜜？因为四目相视时，眼中只有彼此，极大地满足了双方被关注的需要。身体在一起，不代表心也在一起。身体近在咫尺，心却远在天涯，又如何能够让对方安心呢？

永远记住，给孩子提供心理上安全、舒适的感觉比提供食物更重要！

温柔的眼神、安静的守护，再

加上抚摸和拥抱，这些都是幼小的孩子们渴望拥有却无法表达出来的诉求。父母们一定要知道，那些每天多次和父母进行眼神互动、肢体互动的孩子，明显在睡眠、体重等身体指标上发展得更好。

part 3 稳定、健康的依恋回应

我常会谈到，抚养者养育孩子的能力与他们对孩子的真诚和同理心有着最密切的关系，这是一种情感能力，这种能力能让他们对孩子的情感需要做出及时、适度的反应。这也恰恰是孩子的安全依恋关系建立的一个重要来源。

1 稳定的依恋回应

我们之前提到的焦虑型依恋关系的成因，目前在教育心理学的书籍中出现比较多的解释是：

“当孩子对依恋者（主要是妈妈）有需求的时候，依恋者给得不够，或者突然不明所以地失踪。依恋者对孩子依恋需要的反应不稳定：有时候能满足孩子的需要，而有时候则不能。”

而我在这么多年的教育经验中，还总结出了一个很有力的影响因素：那就是照顾者是否有稳定的情绪应对模式。有的照顾者在孩子今天哭的时候，会很温柔地回应，明天再哭的时候却可能会很焦虑地拒绝；一会儿和颜悦色地满足孩子，一会儿怒颜相对地呵斥他烦人，是讨厌鬼，给孩子的不是一个稳定的情绪应对模式。我认为这种反复的情绪应对模式，是孩子焦虑的重要来源。

因此，我们建议照顾者们给予孩子稳定的、健康的情绪需求应对模式，这是形成安全依恋的重要因素。也就是说，照顾者们要有强大的自我情绪调整能力，尽量给孩子温和、稳定的情绪反应，对孩子的行为引导也要遵循一定的、稳定的规则。

2 健康的依恋回应

相对于比较容易理解的“稳定的依恋回应”，“健康的依恋回应”则比较不容易辨别。

照顾者本身有没有爱的智慧和觉察力，能不能意识到自己的每一句话、每一个行为、每一个观念会对孩子造成什么影响，都是决定孩子是否能够形成安全依恋关系的重要因素。

有些人说：“谁说孩子不能打，我打了他照样听我的，教育学家的话是不正确的。”

这样的父母也许并不了解什么是爱的智慧，他们可能只有在孩子不受他们控制，或者行为超出他们的接受范围的时候，才会发现问题，并且会认为是孩子错了。

他们很少去换个角度想：“孩子是不是有什么需要才会反驳我？”“孩子最后选择了听我的，但是他们的内心有没有受伤？他们向我妥协真的是因为我是对的，还是因为他们需要我或者愿意为我付出？”

下面这个实验依然是哈洛恒河猴系列实验之一，是一个很残忍的过程，但测试的内容是关于爱的。

【“铁娘子”实验】

“铁娘子”实验依旧是心理学家哈洛设计的。“铁娘子”是继前面的“绒布妈妈”和“铁丝妈妈”之后的一种特殊的“代母”。哈洛称它们为“邪恶的母亲”，他想看看这个实验会导致什么后果。

这些“邪恶的母亲”，有的会向小猴发射锋利的铁钉；有的向它们吹出强力冷气，把小猴吹得只能紧贴笼子的栏杆；有的会对着小猴发出怪声，吓得小猴不停尖叫。

但令人吃惊的是，无论是什么样的“邪恶母亲”，哈洛发现小猴都不会离去，反而更加紧紧地抱住它们。

这是一个让人心痛的实验，这些受伤的小猴带给我们的启示可能是，受伤的小孩唯一的选择就是去找妈妈。不论受到怎样惊吓的孩子，都只能不计一切代价地紧贴母亲！不论怎样的妈妈，孩子都会抱住她！

有时我们在网络上会看到虐待孩子的视频，施暴的成年人往往因为厌烦孩子哭泣或者不愿满足其对自己的依恋需求，对孩子施以暴行，希望可以让孩子停止对自己的依恋。但是那些几个月大至两三岁的孩子，往往不知闪躲，不会爬开，他们依然会看着这些身边的施虐者。有的孩子在施虐者停止施虐行为时，还会爬回去，从而导致施虐者再次施暴。

这表示，孩子不具备自我保护的判断能力，他们对于依恋关系的对象是无从选择的。因此照顾孩子的人选，是需要被甄别和学习知识的，不是每一个人都明白如何养育孩子。

之前我们介绍的心理学家哈洛做的“铁丝母猴”的实验表明，这些“铁丝妈妈”养大的小猴子长大后有以下表现：

（1）冷漠、呆滞，类似于自闭儿童。

（2）所有的公猴子都失去了寻偶和交配的能力，未能繁殖下一代。

（3）有18只母猴子自愿“结婚”了，有18只母猴子被强迫“结婚”了。

（4）这36只“结婚”的母猴子中，仅有20只生了小猴子。

（5）这20只生了小猴子的、由“铁丝妈妈”养大的母猴子，有1只极其笨拙地喂自己的孩子；有7只对自己的孩子视而不见，毫不理睬；有8只殴打、虐待自己的孩子；还有4只竟然杀死了自己的孩子。

这个历时三年的实验很残酷。后来实验室被关闭，实验便停止了。

通过实验我们还能看到，不是所有的小猴子长大后都会快乐地交往，也不是所有的母猴都能正常地生孩子，并懂得温柔地照顾孩子。因为它们幼年经历中的一些伤害导致了它们在情感、心理和精神方面发育不成熟。

同样的道理，不是一个女人生了孩子就会做妈妈，也不是一个男人当了爸爸就知道如何做爸爸。

当然，大部分的家庭没有实验案例中如此痛苦的过往，但每个家庭都多多少少会在依恋关系中出现自我认知的黑洞。比如对孩子的权利不够尊重，把孩子当作玩具、名利工具、宠物或自己的财产等。有的照顾者经常无意中把孩子当成玩具或宠物，缺乏同理心，故意把孩子逗得

照顾者对孩子的反应模式基于他们自己的依恋风格，家庭关系模式和依恋风格是会遗传的。

哇哇大哭或者让他陷入惊恐状态，自己却乐得哈哈大笑，这其实都是对孩子心理和情感不负责任的行为。

稳定、健康的依恋回应，只靠父母直觉是不太容易完成的，因此父母应常常参加相关的学习课堂，进行专业的学习。把自己的内在依恋模式调整得更加健康，这对于照顾孩子帮助很大。

part 4 温暖的话语

在《读懂孩子的启蒙期2，保护他的探索欲》一书中我们谈到了孩子的自我认知，如何让孩子知道他不是一个累赘，而是被这个家庭欢迎的存在——“你是被爱的，你是被欢迎的”，在这方面我们也可以做一些功课。

不仅仅是对已经出生的孩子，对还未出生的孩子，孕妈们也可以开始做“欢迎词”的功课。

1 欢迎词

【妈妈分享1】

走在大街上，突然有一辆车从身边驶过，司机按了一声喇叭，吓到了我。

我马上摸摸肚子，然后跟肚子里的孩子说："宝贝，刚才妈妈听到一个声音，吓了一跳，原来是汽车司机按了下喇叭。他只是想告诉我们，车过来了，让我们小心，是在提醒我们注意保护自己呢。"

【妈妈分享2】

我在做饭的时候也会与孩子分享做饭的过程。

做饭的时候肚子正对着煤气炉，可能会很热。这时我往往会一边抚摸肚子，一边对肚子里的孩子说话。

"妈妈正在做饭，现在你的这个位置旁边有火，会比较热。等妈妈做完饭就没事了。"

【妈妈分享3】

洗澡的时候我会告诉孩子："妈妈现在在洗澡，洗澡间有水龙头……"当水温合适的时候，可以用花洒以适当的速度喷水在肚皮上，告诉孩子："这就是用花洒洗澡的感觉。宝宝，妈妈等你出来，给你洗澡哦……"

虽然我常出差，但从怀孕开始就和肚子里的宝贝说话，后来孩子在2岁后慢慢表现出来的语言表达能力是很好的。

胎儿对外界所有未知的环境都会有一种出于天性的不安全感。如果妈妈或其他成人能适时地为胎儿解读外面的世界，孩子在出生之前就会对外界产生熟悉感和期待感，孩子出生后也会更加喜欢和信任这个世界。

很多人会觉得这只是孕妇在自言自语，孩子并不能听到，其实不然。在后面的章节中我们会谈到孩子感知力的成长，妈妈这样边抚摸肚子边和孩子说话的过程，实际上对于孩子的触觉和听觉的发育是有很好的帮助的。

如果孕妇经常用这种方式跟孩子互动，从孕期开始和孩子对话，对孩子性格也会产生影响。孩子出生后会更爱笑，安全感也会比较高。

但这需要母亲有稳定的情绪、温暖和欢迎的态度。如果妈妈在尝试与孩子“对话”时，语言能够温柔、真挚，那么她与孩子之间的亲密感又会进一步加深。同时，0—3岁的孩子需要很细心的呵护，这需要一个能够慢得下来的人才能做得到。孕妈在孕期与孩子对话的过程中，也是在自我准备，培养自己跟将要出生的孩子进行沟通的耐心。

2 祝福语

【妈妈分享】

我的小孩生下来约一周时，有一次我听见我妈妈和孩子说：“宝宝，大家都这么爱你啊！盼望你快快长大，长大了和滚动的西瓜赛跑，看谁跑得快！”

哇！“和滚动的西瓜赛跑”，多么富有创意的话语。妈妈平时不仅可以轻柔地抚摸孩子的身体，还可以多和孩子对话，经常向孩子致“祝福语”，让孩子感觉到，在哭与不哭时都会有人关注他。以后他就不会总是用哭的方式来吸引别人的关注，同时孩子被关注和被重视的需求也能较好地得到满足！因此，父母对孩子感性、丰富的祝福话语很重要！

所有的这些准备都是为了告诉孩子：“你对我很重要！我愿意和你一起体会你的感受，一起面对你要面对的未来！你是被欢迎的！”

3 贴心的理解

对于孩子来说，他们还没发展出成熟的语言系统来进行沟通和表达，他们需要照顾者解读他们的情绪感受和需求，从而感到安全和温暖。

这个阶段他们表达情绪和需求的方式大部分是肢体语言和面部表情，比如握紧拳头以及哭泣。是的，对于孩子来说，哭是他们很重要的一种表达需求的语言和信号。

在建立依恋关系的阶段，孩子的哭泣需要得到回应，因为这个阶段的他们完全不能化解自己的情绪，需要外界的安抚来使他们安心。

如果孩子内在不舒适的感受和情绪没有被及时倾听、理解和引导，长此以往，积压的不安全感将会使这个孩子失去快乐的能力！

我们不可能让孩子不哭，但是要让他知道我们可以懂他，因此对于他的哭泣，重点不仅仅在于把他抱起来说“宝宝乖，不要哭了”，而是用心去了解他哭泣背后的需求，并给予回应。一个孩子饿了，吃了奶自然就不哭了。因此透过孩子的情绪表达了解他的需求，然后给予相应的回应，孩子的需求得到满足，安全感增强，哭泣也会慢慢停止，这才是正解。

照顾者可以在做这些的时候，观察孩子的脸部表情和肢体语言，以便更好地了解他

的内在反应和感受，来确认自己的猜测是否正确，从而训练自己对孩子需求的敏感度。孩子的快乐让我们知道他要的是什么，不快乐让我们有机会了解他不想要什么，从而得知他的不同需求。

因此，父母不必因为孩子情绪的起伏而过于心疼，这是孩子向父母诉说他内心世界的良好机会。父母给予孩子的理解、陪伴和支持，本就是爱的一部分。

同时，当孩子掌握了一定的语言之后，要慢慢引导他们用语言来表达自己的情感和需求。这个引导的方法我会在后面的章节中谈到。

现在我们来谈谈如何透过孩子的情绪来了解他们的需求，并且给予及时的回应，成为善解人意的智慧父母。

其实，从孕早期开始，父母就可以开始与孩子“对话”，给孩子传递信息。那具体要怎么做呢?

0—3岁孩子的语言系统尚未发育完整，父母关注的重点在于孩子的肢体语言。观察孩子的肢体语言，猜测他的情绪和感受，并讲解给他听，其实这就是对孩子进行情商启蒙最好的方法。

表达关注的步骤

说出孩子的行为表现

↓

感应和解读孩子的情绪和需求

↓

给予相应的回应

看起来很简单的“三部曲”，使用起来却很有效果。不信我们接着往下看。

part 5 恰当表达关注

表达关注的两个重点

→ 孩子的生理和物质需求

→ 孩子的情感和认知需求

下面我们来看看如何用“温暖的语言”，来表达对孩子这两个方面需求的关注。

1 关注孩子的情绪和肢体信号

【举例：宝宝在肚子里踢腿】

孕妇有时会感觉到孩子在踢肚子，或者感觉到孩子在伸展他的小脚丫，可以试着用以下三个步骤跟他对话。

第一步		第二步		第三步
说出孩子的行为表现：“宝贝，妈妈感觉到你在动了。”	→	感应和解读孩子的情绪和需求：“你是不是累了？”或者“你是不是觉得闷了？”	→	给予相应的回应：“妈妈换个姿势，你会不会好一点？”或者“妈妈出去呼吸一点新鲜空气好吗？”

我们不妨静下心来去感受他到底想干什么，尽管未必解释得准确，但是至少表达了我们对孩子的关注。

只有这样慢慢练习，我们才可能在孩子出生之后，更加准确地理解他的需求。

【举例：换尿布】

在给孩子换尿布这件事上，温暖的语言也可以帮上忙。孩子接触湿尿布久了一般都会哭。

在换尿布的过程中，妈妈可以边检查尿布边说：“宝贝不舒服了呢，妈妈来帮忙看看哪里不舒服？”

第一步
说出孩子的行为表现：
“原来是尿布湿了，小屁屁都凉冰冰的了。”（这是现象）

第二步
感应和解读孩子的情绪和需求：
“是不是很不舒服啊？”（这是感受）

第三步
给予相应的回应：
“哎呀真是呢，凉冰冰的肯定不舒服啊，妈妈帮你清理一下，换个舒服的尿布！”

第四步
如果需要，给予相应的解释：
“妈妈知道了，你的屁屁现在很不舒服，妈妈把湿尿布换下来。现在妈妈要去拿一片干净的尿布给宝贝换上。”

妈妈在说话的过程中，可以时不时注视孩子的眼睛，一般孩子会随着妈妈的语言和动作很快停止哭泣，享受妈妈的抚慰。

即便妈妈没法立刻换上干净的尿布，但因为给了孩子特别的关注，孩子也会安静下来。这个关注会让孩子学会等待。

可能有的妈妈会觉得这个过程麻烦，但对于孩子而言，这对他的感觉和知觉的发育是非常好的（在《读懂孩子的启蒙期2：保护他的探索欲》中我们会谈到感觉、知觉和语言

的培养），同时也可以引导孩子知道发生了什么，妈妈离开房间的时候在做什么，有没有在关注和解决他的问题。在这种环境中长大的孩子，他的自重感，即对自我重要的意识程度会相对较高。

除此之外，关注孩子的情绪变化，也能及时发现孩子的生理病变的信息。

“1岁宝宝哭闹不止，新手妈妈并不理会，险些耽误最佳治疗时间。”这样的报道并不少见，新生孩子从身体到心理都是非常稚嫩、敏感的，极其需要照顾者们的细心观察和呵护！

2 宝宝要吃奶还是要抱抱

情感需求和物质需求，有的时候是同时出现的，有的时候则不是。

【举例：要吃奶】

在孩子急着吃奶的时候，妈妈一般要先做准备工作，但很可能孩子在旁边已经饿得哭了。

这个时候也可以边做准备，边跟孩子说话。比如看着孩子的眼睛对他说："是啊，宝贝饿了，着急想吃奶了，妈妈知道，正在准备呢！"

这个阶段如果不能立刻满足孩子的话，可以先抱抱他，还可以把他带在身边，让他看到你是如何做的。

小孩子可能会哼哼唧唧，但会在母亲的这些语言、肢体动作中慢慢放松一些，哭的状况会有所缓解。如果在安抚过程中，孩子的哭泣声仍然很大，那么可能除了饿了想吃奶，还有情感诉求在里面，即他需要妈妈的拥抱和抚摸。所以这个时候，妈妈可以把他抱起来一小会再冲奶粉。

还有的时候，可能是出于认知的需求，孩子需要看懂妈妈在做什么，这个时候妈妈可以仔细给他讲解："妈妈现在给你冲奶粉，你看，这个是奶粉，这个是奶瓶，这样……"孩子就是在这个过程中慢慢学会很多语言的，不需要刻意地教给他奶瓶是什么，就是从这样的生活对话中，从妈妈的示范中，孩子明白了奶瓶的概念，学习了奶瓶的使用方法。

前面我们谈到过，哈洛通过总结心理实验认为中国南部妈妈把孩子绑在自己的身上带孩子的方式最安全，因为走到哪里身体都有直接的碰触，安全感是最好的。

尽管满足孩子的安全感并不代表有求必应，但是对于0—3个月的孩子而言，要尽量、尽快地满足孩子的情感需求。如果我们不能在物质需求上立刻满足孩子，也要让孩子感觉到自己是被爱包围着的。因为在这个阶段，稚嫩无助的他只有通过情感上的满足才能获得更好的安全感。如果他的需求总是得不到理解，就会产生被遗弃的感觉，在他未来的生存当中，他对这个世界的依赖度就会大打折扣，导致他失去某些进入这个世界的动力。

有的时候，表面上看孩子是在表达物质需求，但不一定是物质需求，还掺杂情感需求在里面。

如果孩子哭哭咧咧地说“我要吃面包”，他可能是“饿”了，也可能是“饿”这个物质需求和“需要被关注”的情感需求同时存在，也可能不是饿，就只是想要妈妈的陪伴和关注而已。

有些孩子有吃夜奶的习惯可能也是如此，他不一定需要吃奶，更多的是情感上需要妈妈的抚慰和拥抱。

还有的孩子要玩具，但把玩具给他之后，他还是会哭泣和发脾气，这就不是简单的物质需求，更多的是情感需求，是需要被关注。

帮助孩子分清他们的情感需求和物质需求，要从小就开始，否则等他们养成习惯，到成人时再辨别并重新建立表达模式所需的时间是比较漫长的。

如果两者分不清，就会导致一些孩子长大以后分不清对妈妈的爱的渴望和对食物的需求，从而导致贪吃症；或者分不清对情感的缺乏和对物质的缺乏，从而导致对物质的过度追求。随着时间、年龄的增长和情感需求的增加，他们心里的焦虑感会不断增长，需要越来越多的物质进行填充，这对孩子身体、心理、精神的成长都会有非常不良的影响。

父母要学习慢慢区分孩子的物质需求和情感需求，并且引导孩子进行区分。

3. 安抚等待的宝贝

【举例】

宝宝在睡觉时，妈妈去其他房间处理别的事情。当他醒来时，发现妈妈不在身边，就会开始哭闹。

第一步

说出发生的具体事情：

“宝贝，醒来没看到妈妈。”（这是现象）

↓

第二步

感应和解读孩子的情绪和需求：

“有点着急了是吗？”（这是感受）

“妈妈去××了，是不是自己有点害怕？”

“是不是一个人待着没意思啊？”

“想妈妈抱了，是吗？”（这是需求）

↓

第三步

给予相应的回应：

“妈妈在呢，妈妈一听到宝贝呼唤就来啦。”

↓

第四步

如果需要，给予相应的解释：

“妈妈刚才去处理××去了，没想到宝贝这么早就醒了啊，我要知道你这么早醒来，妈妈就早早回来陪着你呢。”

我们希望能够第一时间满足孩子，但我们要了解的是，如果我们无法第一时间满足孩子，及时的回应是可以缓解孩子未被满足的情绪的。

在上述例子中，妈妈以这种方式对孩子的情绪进行解读，这相当于给他一个情感上的回应，缓解他的分离情绪。妈妈甚至可以抱着他，带他去看自己做了什么，让孩子尝试去理解妈

妈暂时不能陪伴在自己身边的原因，让孩子恢复对妈妈的信任感，找回安全感。

而解读的过程就是处理孩子分离焦虑的过程。通过这个过程，我们可以帮助孩子建立起这样一种概念：即使“我”和妈妈偶尔不在一起，“我”依旧是安全的。这样自然就带动了孩子延迟满足能力的发展，这也是情商训练很重要的一个部分。

有些人认为，父母应该全身心地陪伴和关注孩子。我不赞同这种观点。因为人的成长，必然是伴随着分离的。孩子成长的过程，就是逐渐在时间和空间上形成与父母分离的独立能力的过程。只是重要的是，必须要注意保持情感陪伴和爱的连接。

但小孩子的延迟满足能力是有限的，必须一点点来训练他们。因此，如果父母的精力实在有限，必须考虑多方联手，也就是我下一章节要谈到的“依恋转移”。

通过本章的分析，我们大致可以得出一个结论：如果食物、温度、柔软、拥抱、保护是人类生存的必要条件，那么抚摸、眼神的互动、温柔贴心的话语，则是孩子智力发育的重要条件。

扫一扫，马老师
亲自传授育儿技巧

03 依恋转移

part 1 建立联合性依恋环境的必要

1 安全依恋发展的四个阶段

根据心理学家约翰·鲍尔比（J. Bowlby）、玛丽·D. 安斯沃斯等的研究，依恋的发展过程可分为以下四个阶段。

第一阶段：无差别的依恋反应阶段（出生到2个月）。

这个时期所有孩子的反应几乎都是一样的，没有太大差别。

第二阶段：有差别的依恋反应阶段（2个月到6个月）。

这个阶段的孩子对熟悉的照看者和陌生人的反应有了区别，对熟悉的人会表现出最多的亲密反应，对其他家人反应较小，对陌生人最小。

这种对周围事物从未分化到分化的认知过程，即把依恋对象的特定个体与其他人区分开来的表现，代表着孩子认知技能，也就是识别记忆的开始。每个孩子因为感知力发展的速度不同，产生这种反应的时间也会有所差别。

同时，孩子开始发展信任感，即当他们发出信号时，会产生希望照顾者做出反应的期望。即使他们可以识别熟悉照顾者和他人，但当与照顾者分开时，孩子也并不会抗议。

第三阶段：有意识的依恋反应阶段（6个月到2岁）。

从六七个月起，孩子不仅可以区分熟悉照顾者和他人，并且继“识别记忆”之后他们又发展出“人物永久性记忆”的能力。这种能力使得熟悉照顾者不在孩子身边的时候，孩子的头脑中依然可以保持他们的形象。

于是，孩子对熟悉照顾者的情感依恋发生了变化，依恋更加明显。表现为与熟悉照顾者在一起时特别高兴，而在与其分离的时候，分离焦虑开始产生，会感到难过、哭泣、不让其离开，大一点的孩子甚至还会主动爬到、走到要离开的熟悉照顾者的身边。

不同孩子的这个阶段的形成在时间上有先有后，但研究表明，几乎所有的孩子在1岁左右都能与抚养者形成某种依恋关系。

第四阶段：伙伴性的依恋反应阶段（2岁以后）。

孩子2岁后，他的主动探索有了一定的独立性，有了一定的自我独立的空间意识，他们对分离的抗拒减弱，对照顾者的依恋不像过去那么强烈，会把照顾者当作一个交往的伙伴，认识并理解照顾者和自己不同的情感、愿望，交往时会考虑对方的需要和兴趣，调整自己的目标、情绪和行为反应，会使用请求和劝说来改变对方。

2 照顾者需要配合

通过以上分析我们可以知道，当孩子6个多月之后开始产生分离焦虑时，需要引导他走向第四阶段的伙伴性依恋状态。但这个阶段的孩子由于大脑发育和社会经验有限，当需求没有得到满足的时候，他的理解力和承受力非常有限，不被满足的时候的情绪认知，必须要通过陪伴来进行引导，才可能慢慢走向第四阶段。

之前我们谈到关于焦虑型依恋关系产生的一种可能性，是由照顾者对孩子的情绪需求应对模式不稳定而造成的，可以把此种依恋关系形成的原因解释为“妈妈对孩子依恋需要的反应不稳定：有时候能满足孩子的需要，而有时候则不能”。而给予孩子稳定的情绪应对模式，则是为了给予孩子稳定的照顾。

目前大部分的主流教育，往往强调妈妈和孩子的依恋关系的建立，但即便在上一节当中谈及了我们可以通过对其情绪

的贴心解读来缓解孩子的不安，孩子在这个时候的延迟满足的能力还是有限的，太多、太久的延迟他们是不能承受的，依然会产生强烈的不安全感。

更何况现在的妈妈们经常还要面临产假之后继续上班的现实需要，不可能一直陪伴在孩子身边。

随着孩子长大，他们的智力和情感在发育，势必导致需求增多。如果要求某个主要照顾者在擅长做家务的同时，又有能力安抚和引导孩子进行互动成长的教育，还要能够安慰孩子的挫败和不安的情绪，还要求在做这些事情的过程中，要“给予孩子稳定的应对模式”，这真的是很不容易的事情。

在这些年的工作中，我常常会谈及“联合依恋”。对于孩子的需求，如果一个人不能完成，一定要联合家人或其他有效帮助者成为一个整体，一起来完成。一般来说，一个孩子是可以发展出多个依恋关系的，但是程度不同。

如果能够通过整体环境，在这个阶段给予孩子更完整的照顾，就能让孩子对外在世界更具信心，带着更多好奇和希望去进行探索。因此所有的参与照顾者都要学习和调整自己的内在的依恋模式，使得整体环境对孩子有一个稳定的应对模式。

而参与照顾者之间的配合状态和谐与否，也是能否形成稳定、健康依恋关系的关键。

因此，依恋关系的形式不能简单地依靠孩子和妈妈的关系，而是要建立一个稳定的依恋团体，大家互相配合地照顾好孩子的成长需求。

如果存在一个三角关系，在孩子和妈妈分离时进行衔接和过渡，就能够让孩子更顺利地走入第四依恋阶段。

3 孩子未来社会属性发展的需要

我们在《读懂孩子的启蒙期2，保护他的探索欲》中探讨如何帮助0—3岁阶段的孩子在探索的过程中培养他们的专注力，其中谈到过学习的内容不能过多、生活的环境不能频繁更换等内容。其实还有一点是需要注意的，周围人员也不能频繁更换，因为这不利于孩子的识别系统和记忆系统的发展，这就要求我们建立相对稳定的照顾者环境。

安娜·弗洛伊德（A. Freud）曾研究过“二战”期间欧洲一些孤儿的依恋状态发展，发现由于战时看护孤儿的护士不稳定，这批儿童无法形成对照顾者的正常依恋，只能抱团，相依为命，这对他们的社会适应造成很大困难。

也就是说，在孩子0—3岁期间，稳定的照顾者环境、固定的主要抚养人、良好的互动，也是孩子形成安全、稳定的依恋关系的必要条件。它使孩子能够内心稳定、充满信任和希望地看待外面的世界。

但是，接受分离是必不可少的，分离也是孩子走向独立性、社会化的必然过程。

现在很多人认为不给孩子带来焦虑的方式就是避免分离，不断谈及爸爸妈妈必须要回家看护孩子。这触动了一些本身就很焦虑的父母，他们变得更加焦虑地想要回归家庭。

这是错误的引导方式。事实上，每个人的成长都会面对空间上的分离，人、事、物的环境改变和情感的更替。每个人都是在不断的分离中完成他的社会属性的成长。

每一个孩子，或者说每一个人，来到这个世界上都是为了能够更好地展现自己，为了能拥抱更大的世界，最大可能地释放自己生命的原动力，产生爱与生命的创造力和影响力。如果仅仅停留在与生他、养他的这个人的关系连接上，会让生命无法完成社会化的发展。而如果他在生命的最初阶段就可以体验到和更多人在一起的安全感，完成对依恋的转移和扩大，会让他对世界产生适当的信任和希望，他对世界的探索潜力将会更大。

妈妈们必须在自己承担教养孩子的主要责任时，学会联合他人共同照顾好孩子；而妈妈们身边的人也必须要了解，能够影响孩子的并不仅仅是妈妈和孩子的互动。如果孩子生病、情绪焦虑，并不仅仅是靠天天带孩子的那个人就能解决的，环境中的每个人都有能力为此做点什么。

由此，孩子会从各种分离中，慢慢找到对不同的人和对自己信任的理由，以及对妈妈和他人的理解，从而做到在自己还不能完全独立的时候，能够自然地进行依恋转移；在依恋需求转移的同时，慢慢建立起对自己的信任，从而逐渐形成心理独立的状态。

孩子的大脑和身体的发育过程有自己的规律，0—3岁的孩子处于生命的初期，是最容易对世界产生不安全感的阶段， 他们的心理承受能力和自我承担能力也是非常有限的。因此在引导他们从依恋转向独立的时候，不是想当然地进行强制分离，而必须要有科学的理论支撑，有计划地进行环境改变和人员配合。

父母们要做的是尽量在孩子0—3岁时减少大的环境分离，让孩子从小的分离开始慢慢适应。我们能做的是让孩子在这种分离中感觉到自己是被联合起来爱护的，减少无意中对孩子造成的遗弃感，帮助他们慢慢地增强承受力，逐渐适应新的生活方式和环境，同时也能更加自在地在不同的环境中保持好奇心和进行探索。

part 2 依恋转移时的注意点

1 给孩子心理适应的过程

尽管孩子的成长环境需要保持稳定，但“变是永恒不变的真理”，变化是不可避免的。我们需要在相对稳定的变化中，让幼小的孩子慢慢适应和接受一些生活中必须要经历的“分离”和“改变”。

而能达到这样目的的依恋转移的重点是：如果依恋对象将发生变化，那么转移前后的依恋对象要有共同照顾孩子的过程。比如先以父母照顾为主，然后转移依恋对象慢慢加入，先旁观、协助一段时间，等孩子慢慢熟悉了，再开始对孩子进行日常照顾。照顾的内容也是从少到多慢慢过渡，给孩子一个心理适应的过程。

【妈妈上班前的依恋转移】

在中国，大部分职场妈妈需要在孩子满几个月后重新开始工作。因此，对于妈妈和孩子的分离必须提前做好准备。如果妈妈每天都和孩子待在一起，几个月后突然和孩子分离，对孩子的心理冲击一定是非常大的。因为这个年龄段的孩子情感和心理承受力都非常有限，他们可能在不停要妈妈回来的过程中慢慢失去信心，从而担心妈妈是不是不爱自己、不要自己，等等。妈妈这样突然消失，可能导致孩子变得非常胆小和黏妈妈，因为他要确保妈妈不会遗弃他。

妈妈在开始上班前，需要1—2个月作为过渡期，一步步跟家里其他人交接。

当爸爸要去上班时，我们可以引导孩子跟爸爸说“拜拜”。通过这个过程，他就知道爸爸早上上班，晚上回来。这是由妈妈陪伴他等待爸爸的过程。

当奶奶去买菜时，告诉他奶奶需要过段时间才能回来。在这个过程中，他已经在练习和他人分离，但同时也了解了分离并不代表失去。

当妈妈因为冲奶粉、洗衣服暂时离开时，孩子有一个等待的过程。如果妈妈离开的时间有点长，可以由爸爸或者其他人来陪伴孩子等待。这个陪伴等待的过程就是这个第三方和孩子增加亲密度的过程。

当孩子慢慢熟悉了这样的陪伴，妈妈离开的时间可以慢慢延长。同时，对孩子的吃奶、睡觉、洗澡等这些贴身照顾，也可慢慢转变成冲奶粉、准备洗澡水等辅助照顾。

这个时候带孩子的核心人物开始转换，变成其他人来照顾孩子，妈妈和孩子开始有了空间的分离。这个过渡就很顺利了。

这个过程可以让父母和被委托者之间有角色的传递，一方面，让被委托者多了解孩子的需求特点，以及孩子和父母之间原有的互动习惯，以便顺利接手。另一方面，可在父母和被委托者共同照顾孩子的过程中，让孩子从双方的和谐状态中感受到安全感，从而顺利接受被委托者。

如果是上幼儿园，家里的照顾者们和老师也需要注意这样的交接过程。因此对于刚上小班的孩子，幼儿园举办亲子班是个很好的办法，爸爸妈妈们一定要珍惜这个过渡的机会，多多参与，这会帮助孩子更容易进入新环境。

“妈妈不该从孩子身边溜走”，家庭育儿心理专家、《有自我意识的父母》的作者弗兰·沃尔费什（Fran Walfish）博士说，“有的孩子离开妈妈，适应幼儿园生活需要多一点的时间，如果妈妈可以陪伴孩子上一段时间的亲子班，会是个很好的办法。在亲子班中，妈妈无须与孩子互动，只需要简单地坐在一边，给孩子安全感。”

事实上，对于孩子来说，分离焦虑产生的原因主要有以下两点。

（1）安全需求。如果失去了这个让自己感到安全的人，是不是还会安全。

（2）习惯需求。不同的人对待孩子的方式是不同的。而这个阶段的孩子，他们的学习内容必须是通过建立稳定的生活习惯来一点点地学习。因此习惯的变化也是导致他们焦虑不安的一个原因。

对于第一点，孩子在依恋对象发生变化时，我们需要让孩子了解：

第一，即便周围人和他分离，他也是安全的、被尊重的；

第二，即便有分离，他也不会失去让他感觉安全的人。

最重要的是，不管交接的前后两人是谁，他们必须形成一个带养孩子的整体。也就是说，如果是妈妈和奶奶进行交接，要让孩子知道并不是“妈妈不要我了”，而是“妈妈和奶奶共同做出了一个计划，想要更好地照顾我”，因此“分离”不代表“失去”，反而“获得”更多。

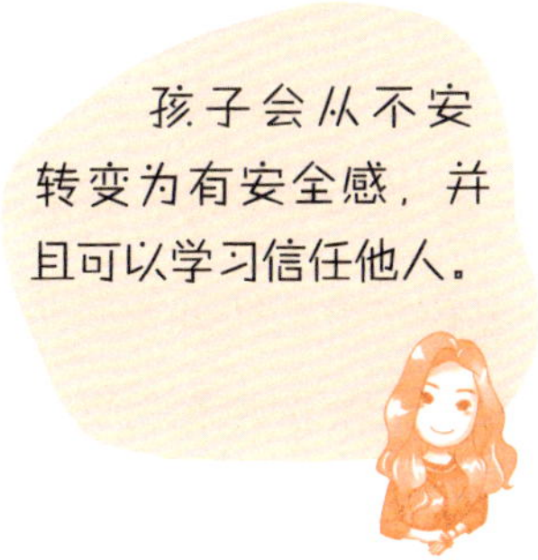

2 不要不告而别，要和孩子一起面对分离

“不告而别”在处理依恋关系转移的时候是一个非常不恰

当的方式。

当孩子稍微长大，妈妈需要回到工作中去，不得不暂时放下主要抚养者角色的时候，每天都会面临和孩子的分别。

有相当一部分的父母和老人，会认为让妈妈在孩子睡着了的时候，或者在其他人带着孩子出去玩耍的时候，悄悄离开是一个很好的方法。

但事实上，这不过是成年人的自以为是和掩耳盗铃而已。孩子即便在当时没有表现出来，但是他会在其他时候有易哭闹、胆小等表现。孩子当时不哭不闹，并不代表他不难过、不害怕。

【生活故事：出差】

因工作调动，我不得不接受单位的出差要求，我趁着2岁的女儿午睡，没有和孩子打招呼就偷偷拿着行李箱走了。结果孩子一天没看到我，哭着给我打电话说："妈妈，我要你回来，我要你回来。"我听着电话里的声音，心都碎了。我曾经为此而犹豫过，是不是要拒绝工作上的出差，甚至放弃这个工作。最后经过和老师的沟通，我先向公司申请减少出差的次数，同时下定决心要找到方法，让孩子和我在这个分离的过程中一起成长起来。

于是，过了一个多月，我又要出差了。这一次，我先提前半个月告诉女儿："这一次妈妈一定不会在你不知道的时候离开你了，妈妈要出差，但是还会回来。这次去的时间比上次短。你和外婆睡两个晚上，妈妈就回来了。"女儿没有说话，也没有哭泣。

然后我每天都会和她说相同的话，还找出全家合影的照片对她说，这里都是我们的家人，大家都会一起爱她，如果妈妈暂时离开了，她有需要时，大家都会帮助她；并且告诉她，如果她想妈妈了，可以看着照片，和妈妈说话，妈妈每天也会拿出照片和她一起说话。有话对妈妈说，或者需要妈妈帮助的时候，可以给妈妈打电话。如果妈妈没有接，一定是没有听到，不然只要妈妈的电话响了，一定会第一时间接通！因为她对妈妈来说很重要。

到了我出差的那天，开始时她是镇静的。

我说"妈妈要走了"时，她看起来还是很平静。

但在我要出门的那一刹那，她大哭起来："妈妈，我要妈妈，"并且伸着小手对我说，"不要离开我，妈妈……"我的心又一次碎了。

我的妈妈抱着我的女儿，非常生气地对我说："你看你又把孩子弄得这么难受，你赶紧走！"然后就抱着孩子往房间里面走。

但是孩子把两只手从我妈的脖子两边伸过来，朝着我，说：“不要离开我，我要妈妈。”

我突然做了一个决定，说：“妈，我抱抱孩子，再走。”

我妈没办法，把孩子重新给了我。

“宝宝，妈妈也舍不得你，但是妈妈真的不是不要你了，妈妈很快还会和宝宝在一起，你和外婆玩几天，我就回来啦。”

女儿抱着我的脖子，哭泣慢慢缓和下来。

我看时间已经很紧了，就做了一个决定。我对我妈说：“妈，你帮我一个忙行吗？你陪宝宝一起送我到机场好不好？”我妈答应了。

这一路，女儿问我：“妈妈，你一定会回来的，是不是？”

我肯定地和孩子拉钩：“如果不回来，是小狗！今天让宝宝担心，妈妈也有错，上次妈妈走的时候，没和宝宝说就走了，当时宝宝肯定以为妈妈不回来了！可是这次妈妈和宝宝保证，过两天就回来了，就像爸爸早上上班、晚上回来一样，只是妈妈用的时间要稍微长一点，两个晚上以后再回来。你愿意等妈妈吗？”

女儿渐渐安静下来：“嗯，拉钩！”

车子到了机场，我告诉女儿：“这就是妈妈要离开的地方，过两天我还会坐着飞机回到这里。”

女儿开始在机场跑起来，脸上慢慢露出了笑容：“妈妈坐飞机，要快快回来！”

很明显，她在了解我所处的环境的过程中，渐渐接受了分离的可能性，以及有了再次相聚的确定性。

我的登机手续办完了，又对她说：“以后等宝贝再长大一点，妈妈也带着你一起坐飞机，去看看妈妈都去什么样的地方出差，好不好？”

“好！妈妈再见！”看着她笑成月牙的眼睛，我心头的石头落地了。

半年过去了，从那以后，我们形成了无言的约定，每次我出差离开，她都会去机场送我，我们一起面对分离。最近的一次出差，她拿着平时特别喜欢的一个布娃娃对我说：“妈妈，你把她带上，当你想我的时候，你和她说说话就好了，然后等你回来就会看到我啦！”哈哈，她已经学会安慰我的“分离焦虑”啦，我的心里比吃了蜜还甜。

正如上面这个生活故事所讲的，和孩子共同面对分离，其实更能让孩子具备接受分离的能力。

我们越是回避分离的事实，孩子就越害怕分离，越不愿意分离，分离后的焦虑等情绪问题就会更大。

尊重孩子的情绪、陪伴孩子，孩子最终会度过分离焦虑期。孩子因为分离而哭泣是为了完整地表达情感。虽然说当他还在哭的时候，父母就算离开，孩子自己也可以度过分离焦虑期，但是他不能感受到那种被理解和与父母共同面对困难的过程。父母应该给孩子一点时间，让他学会慢慢去接受分离的事实，并调整自己的情绪。

在这个生活故事中，妈妈做了几件事：

（1）提前和孩子一起面对分离，对即将发生的分离有心理预期。

（2）不断告诉孩子，自己不会消失，几天以后就会回来，让孩子明白不会失去妈妈。

（3）不断告诉孩子，在她有需要而妈妈不在的时候，可以做什么，比如与照片中的妈妈说话、打电话给妈妈。

（4）让孩子参与分离的过程，比如送妈妈去机场。

与其过度保护孩子，不让他面对“分离时刻”，不如让他和妈妈一起为分离做准备。在他做“准备”的过程中，就已经开始了心理的接受过程。

当妈妈和孩子有了这样共同面对分离过程的经历，回家之后要记得肯定孩子在这个分离过程的表现和成长，以及引导孩子看到其他人对他的付出，让他对自己的能力有更多的信任，对其他人有更多的信任。“我们分开的那两天，宝宝做得很好，外婆也照顾得很好，是不是？我们大家都爱你，宝宝也可以做得很好。”

> 参与和面对“分离”，会让孩子和妈妈一起成长，彼此在这个过程中都能够慢慢接受分离的现实，从而积极面对分离和再次的相聚。

如果在父母走之前，孩子还没有完全调整好自己的情绪，后面我们还会谈到接手者，也就是其他照顾者可以怎样做一些陪伴工作，来疏导孩子的分离焦虑。

还有一个问题，是孩子不可能参与一次分离过程之后就百分之百地懂得与父母分离的含义，他也需要有一个学习、理解和适应的过程。我们在后面分离后回归的部分会再谈，如何做一些事情来进行情感的重新连接。

3 依恋转移不是放手不管

在我引导青春期以上的孩子和成年人去了解自己的时候，往往会帮助他们看到内在的自我系统中有很多个不一样的自己，那是因为我们潜意识里的“我”并不是一个简单的“我”，而往往是子人格群（这里可以参考荣格提出的“潜意识”概念，以及朱建军老师的著作《我是谁：心理咨询与意象对话技术》和《意象对话心理治疗》）。我们产生焦虑、无力、压抑等情绪，往往是因为我们内在子人格系统之间，彼此漠视、忽略、不认同，经由外部事物刺激而产生冷漠、冲突、焦虑等行为表现。

而这些庞大的子人格群，往往来自我们从小到大，对一些对我们影响比较大的人的子人格的复制。而孩子则会复制周边成人的子人格模式。

事实上，我们不仅仅要和孩子建立良好的依恋关系，帮助孩子安全成长，还要在依恋关系中建立孩子的价值观和行为准则。

在一个孩子的成长过程中，我们不能仅仅强调父母的影响力，有时候除了爸爸妈妈，一位保姆，或者长期在家里居住的其他亲戚，或者一只和孩子一起长大的小狗，都可能会影响这个孩子的依恋关系状态和子人格复制模式。

【成人问题：没有归属感，不知道未来】

我今年40岁，独身。我觉得现在的工作不是我追逐的目标，不知道工作对我来说到底意味着什么，代表什么意义，是学习如何做事，还是提升工作能力、招聘能力？好像都不是我想要的，这些对于我来说最后的意义是什么？这些问题让我很混乱，不得要领。

我在很长时间里对婚姻或者工作都感到非常迷茫。我不知道我要什么，我的归属在哪里……

一个人很混乱，长期没有归属感，不仅仅和当下的定位不清有关，更可能和潜意识中过去遗留下的某些情感归属有关。

案例中的主人公在平常生活中是一个雷厉风行的女强人。对于这些努力的子人格，我们且称之为A；同时，她似乎还有着另外一个非常不认同的子人格，我们称之为B。当一个人对自己当下的状态、当下的努力不认同的时候，外在越努力，整体的矛盾性就会越强，就越会感到迷茫，因为内在的两个自己（A和B）没有形成合力，而是在“内耗”。

如果我们想要让A和B自我整合，形成合力，首先需要了解它们各自的成因，然后才能引导。

因此我们花了一段时间来了解子人格B的特质。我们发现当这个子人格占据主导的时候，她的价值观就是简单的吃好、玩好，不需要太多钱，也不关注别人如何，自己过得好就行。这个子人格在主人公原生家庭的近亲关系中找不到原型。

凭借经验，我帮助她找到了这个子人格的来源，是在她3岁之前照顾她生活起居的保姆。她出生时，父母工作特别忙，基本管不了她，都是这位保姆在照顾她，把她带到上幼儿园的年龄才离开。尽管对这位在3岁之前照顾自己的保姆的记忆已经相当模糊，但是那段经历却对她现在的生活产生了巨大的影响。

当时由于她的父母工作比较忙，同时对保姆照顾孩子非常放心和满意，因此他们很少介入孩子的养育过程，保姆作为主人公主要依恋人的时候，她们之间的互动模式就会影响幼年的主人公，这个依恋关系形成了子人格B：淳朴，没有什么分辨力，喜欢用“吃多点会让大家喜欢我”的模式来取悦他人。

由于父母很少介入，所以当保姆离开的时候，孩子对父母的养育方式非常陌生。当父母单独和孩子进行依恋关系连接的时候，孩子感觉到不习惯。而影响更大的则是，父母对孩子行为习惯各方面的要求，和保姆对她的要求反差很大。父母希望孩子快速长大以适应环境。父母的严格要求，导致孩子在结束与保姆的依恋关系后，建立和父母的依恋关系的时候，产生了极大的排斥心理。

在孩子和父母的互动依恋模式中，孩子产生了一个新子人格A，复制父母的一部分特质，比如努力、锐利、对人保持距离感、拥有分辨力和鉴赏力。由于子人格A的形成是被动接受的，子人格B对其有着“先来者居上”的批判态度。所以一直以来，“即便我成了这样的人，但是我不喜欢我自己的这个样子”，使得她成了一个不断学习外界、不断尝试改变自己，却一直没有归属感的人。

对于案例中主人公子人格B的行为习惯，其父母是非常不满意的，因此对于子人格B进行各种否定、打压，所以后形成的子人格A也会在头脑认知中对子人格B的各种表现进行否定，于是子人格B成为一个被压制的、不易被觉察的隐形子人格。这样一来，子人格B对子人格A的不接受声音，就一直被压制着、不被觉察，却如影随形。

这种内在的一方不接受另一方，甚至打压消灭对方的极端冲突关系，使她不论做什么，都会出现情绪焦虑、身体呈过敏体质的情况。

主人公		
项目	子人格A	子人格B
人格特质	努力、锐利、与人保持距离感、拥有分辨力和鉴赏力	淳朴，无分辨力，不需要太多钱，不关注别人如何，自己过得好就行
来源	父母	保姆（3岁前照顾她）
依恋关系	孤独型依恋	安全型依恋（未进入第四阶段）
性格表现	外向，独立、积极的社会性	被压制、不易察觉
人际关系	吸引有目标、有追求等同类特质的人，以及欣赏拥有子人格A的人	渴望安全型依恋的亲密关系
情感归属	吸引的人她不喜欢	遇不到喜欢的人
问题表现	对婚姻和工作都感到很迷茫，没有归属感，表现出迷茫和游离的状态	
问题原因	“内耗”，外在越努力，整体的矛盾性越强，两者互相打压，形成焦虑情绪和过敏体质，无法与其他人形成成熟的平等相处关系	

而在情感方面，表现出积极的社会性的子人格A，吸引到她周围的都是愿意思考，对生活和工作有目标、有追求的人。但是她的情感深处一直渴望的模式，却是那个一直没有成长，渴望完全安全型依恋的子人格B。在意识深处，她一直在寻找曾经拥有过的、她熟悉的、安全依恋的感觉（子人格B和保姆

的互动模式），并像小鸭子认妈妈一样，把这位保姆对待自己的方式，当成自己精神上的爱的模型，还会把这种方式定义为爱与安全感。然而她吸引来的人大都因为欣赏她的子人格A，那些人与她子人格B中追逐的情感模式是不相符的，所以她总是感觉碰不到喜欢的人。

同时，因为子人格B的安全依恋没有来得及被引导走向第四阶段，依恋关系就结束了，而子人格A的安全依恋又不够，形成的是孤独型依恋关系，更无法走向第四阶段。因此，不论是哪个子人格，都会影响她对人际关系的应对方式，使她始终无法进入成熟的平等相处关系。

因此，在团队关系和亲密关系的经营中，她都很难找到一个同时满足子人格A和子人格B需求的伙伴，越努力越找不到。反复寻找和反复失败的感觉，也导致她慢慢失去了信心和坚持，进入不了婚姻，工作也没有了之前的干劲，迷茫和游离状态更加显现。

这个案例让我们看到，幼年期的孩子除了安全需求，他的性格养成、情感归属，以及价值观和人际关系模型，都和早期的抚养者有着密切的关系。

我们不是简单地把孩子交给更大的世界，而是把孩子引荐给更大的世界、更多的人，并陪伴和保护孩子在这个过程中建

> 即便父母委托他人帮忙照料孩子，也不代表把孩子全部交给他人，自己就不用参与了。

立新的互动关系。在更多人爱孩子的时候，我们依然爱他，只不过从父母两个人的爱，变成联合更多愿意爱护他的人一起去爱护和帮助他成长。

这里谈到的案例是父母将孩子完全交给保姆的情形。同样，如果父亲对孩子的教养方式也是“甩手掌柜”模式，完全交给孩子妈妈或者奶奶，而没有参与孩子的培养中，孩子长大后的思维方式、价值观和他不太像，也是有可能的。

因此，即便委托他人共同照料孩子，父母作为主体照顾者也要担负起自己的责任，可以观察被委托人和孩子的互动模式，并提出自己的看法和要求准则，这是传递父母特质的一个途径。同时还是要定期陪伴孩子进行互动游戏和交流活动，让孩子感受到父母的关心和爱，减轻孩子因疏离而产生的不适感，也让孩子尽早接触到父母的特质，以便于亲子教育的承接。

4 培养安全依恋物

孩子心理成长的过程，就是让他慢慢从不安地被动接受依恋关系的给予，到有能力运用各种资源来满足自己的依恋需求，再到从这些依恋关系中慢慢独立的过程。而“用资源来满足自己的依恋需求”，包括对人的依恋转移，也包括对物品的依恋建立。

因此，在6岁以前，如果一个孩子有一些柔软的绒布娃娃，他愿意经常去抱着，而在妈妈离开的时候，他很喜欢跟这些娃娃说话，那么他会对这些物品形成自己的一种安全依恋方式，在妈妈离开时将其作为代替来陪伴自己。因为这个阶段的孩子喜欢固定的秩序，这会便于他们适应环境。

【妈妈分享1】

在孩子出生1个月以后，我就把他放在我们旁边的独立的小床上，在小床上方原来挂蚊帐的地方，挂了一只白色的小熊娃娃。这样，他只要一醒来，首先就会看到这只小熊娃娃。平常我抱着他的时候，也经常一起抱着这只小熊娃娃，这样他就慢慢对小熊娃娃产生了一种熟悉的感觉。

在孩子3个月大的时候，有一天早上我做完早餐回到卧室，看到他已经醒来，对着小床上方的小熊娃娃微笑着挥着小手，看到我回来了，又对着我微笑。看着孩子的微笑，我心里温暖极了。

后来我发现，如果早上小家伙醒来在房间没有看到我，他首先是咿咿呀呀地和小熊娃娃“报早安”，而不是着急地哭着找我，我听到他的声音就知道他醒来了，然后过去看他。有一天早上，我听到声音后，特意没有赶过去，他竟然自己和小熊娃娃咿咿呀呀了半个小时！他有了自己的小伙伴，多了一个自我娱乐的方式，我特别高兴。

【妈妈分享2】

我的宝宝在2个月大时发了一次烧之后，突然就不喜欢洗澡了。

后来我们想了一个办法，就是在大澡盆里建立一个“小型游戏场”。说是“游戏场”，其实就是放了一只小黄鸭和一个小房子玩具，然后给他讲了小黄鸭从家里出来游泳迷路了找不到家的故事，而我们会陪伴他进入澡盆里帮助小黄鸭“回家”。

在这个过程中，他和小黄鸭成了很好的朋友，慢慢也喜欢上了在水里和小黄鸭玩耍，洗澡也就不是难事了。

【妈妈分享3】

我的宝宝1岁多，睡觉时一定要握着她自己常盖的锦缎面的小被子，然后边搓着被子边蠕动着小嘴入睡。我妈妈说我小时候睡觉时，是一定要抱着她的一件蓝毛衣才能入睡。

【妈妈分享4】

我的宝宝2岁半，她的特点是特别喜欢自己的一件粉色的裙子。如果我们出门去旅游、回老家或者去爷爷奶奶家，只要不是在家里住，无论冬天还是夏天都一定要带着这件裙子；还一定要用她自己的一个毛茸茸的双肩背包装着自己背，别人帮她背还不让。这是对我们的不信任吗？

即便生活环境很稳定，家里也可能会发生一些或大或小的变化，导致家庭环境和秩序发生变化。比如搬家、家里有其他亲属住进来、家里多了一个小弟弟或小妹妹等，这些大人们觉得不是大事的事情，对于孩子来说，却是一个新的课题。他们对于新的环境变化，会有自己的情绪和感受的波动，而这个时候，一个熟悉的玩具（毛绒娃娃、超人）、物品（小毯子、妈妈的毛衣），或者小动物（小狗），都可能是孩子进行自我调适的很好的伙伴，能有效帮助他们进行自我安抚。

扫一扫，马老师
亲自传授育儿技巧

让所有人都能照顾好孩子

part 1 理解和陪伴是最好的爱护

对于孩子和父母的分离，不论前期做了多么周全的准备，分离的时候孩子都会哭泣，这是健康依恋的表现，但哭泣之后大人的反应，则会决定孩子走向焦虑性依恋还是伙伴性依恋。

如果被委托照顾孩子的人能充分配合，就能减少孩子面对分离时的焦虑感和不适应感。

被委托照顾孩子的人，不论是爷爷奶奶、保姆，还是其他人，在面对孩子的分离焦虑时，一般都会如何应对孩子的哭闹呢？

在谈论孩子的行为表现之前，我们首先要谈论影响孩子行为产生的内在情感需求，也就是孩子和母亲的关系连接。我们在前面说过，分离焦虑是孩子健康依恋的必然结果。我在《怎样成为好父母1：戒掉爱中的伤害》一书当中谈到过人的情绪以及哭泣对人的正面影响力。这代表着他和母亲之间存在着良好的情感关联，因此孩子在和母亲分离之后哭泣，是非常正常的表现。每一个有情感的成年人在与他心爱和重要的人或事物分开的时候，也会或多或少产生一定的不舍和焦虑情绪，这都是非常正常的。

我们要做的并不是让孩子没有分离焦虑，而是首先要接受他的这种表现，并陪伴他思念，然后引导他，使他的分离焦虑健康地过渡到一种新的有安全感的依恋关系状态。

生活中养育者往往对孩子的分离焦虑会过于担心，认为孩子哭泣是不好的，甚至想要尽早地让孩子停止哭泣。以下这几句话是生活中常见的，但对亲子关系会产生负面影响：

“不要再想你妈了，我照顾你照顾得不好吗？你还要想你妈妈？再哭我就不管你了，你去找你妈妈吧。”

“不要总想你妈妈了，想也没有用，她不会回来的。”

“不要再哭鼻子了，哭也没有用，妈妈也不会出现。”

第一句话，尽管说话者的目的是想要让孩子对自己建立更好的信任感，不要太难过，从而让孩子对于即将和自己一起生活的状态有更多的信心，但是这种表达方式却无意中把孩子对

母亲的思念与感情强制切断，变成完全由委托照顾者来替代妈妈在孩子心目中的位置。

第二句话和第三句话，则会让孩子产生一种无力感和被遗弃感。在孩子还无法完全了解这个世界的时候，当他们觉得某些事情自己做不到的时候，他们潜意识里能够解释的声音都是“我不够好”，比如，“我不够好，所以我才没有办法让妈妈回来陪我”。这种无力感会在潜意识中不自知地产生自我否定，并产生一个“被遗弃”的预设。内心有过“被遗弃”的伤痛，并且没有修复的人，不论他年龄多大，对于自己认为重要的人都会有分离焦虑，影响他对很多事情的判断和决定。

同时，未来孩子回归到和父母的关系中时，和父母重新建立连接会有一定的难度。

那么如何让孩子在和母亲分离的时候，既能够保留对母亲的情感，还能够对接手者产生信任，慢慢接受这种分离的过程呢？

理解他的难过，共享他的思念，缓解他的焦虑，这是我们可以陪伴孩子做的。

理解他的难过：说出孩子的感受，比如，“妈妈上班了暂时不能和我们在一起，我们心里很难受，我们很舍不得妈妈。”

共享他的思念：“因为妈妈对我们真的是很好呢！我们很爱妈妈”。

在共享思念的过程中，引导孩子表述出和妈妈在一起快乐的事情，对他的情绪引导是非常好的。“妈妈在家的时候可以做些什么事情？你最喜欢跟妈妈一起做什么呢？”如果是还不能表达的孩子，那么由大人说出这些话来，对孩子的情绪也能起到稳定的作用。

缓解他的焦虑：缓解焦虑最好的方法就是让孩子能够为自己的焦虑做一点事情。

陪伴者可以陪伴孩子找到具体的需求，帮他们种下一个希望，然后去为这个希望做一些事情。同时增强延迟满足的能力，在等待的过程中，发现一些其他快乐的方式。

分离焦虑有时候是对父母的依恋，有时候需要接手者的帮助去陪同完成某件事情，无论如何，我们都可以帮助孩子种下希望和制订计划。

“希望”对于一个人来说是非常重要的。

无论与孩子分离的是谁，无论他舍不得离开的是谁，接手陪伴他的人都可以用这样的方式来缓解他的焦虑情绪。

part 2 共享思念、找到希望

【生活故事：共享思念】

孩子刚出生的时候是我和老人们一起照看的。后来老人们回了老家。孩子快3岁的时候，我带孩子回老家和老人们一起过年。过完年需要回来工作。到家的第一天晚上入睡前，女儿躺在床上啜泣：“妈妈，呜呜……我想姥姥和姥爷。”

“哦，宝贝想姥姥和姥爷啦？我们一起来谈谈他们吧！”

“我很想他们，为什么他们那么爱我，我们却总是不能在一起？呜呜……”

“宝贝，妈妈理解你，不光你想姥姥和姥爷，妈妈也想他们，妈妈昨天晚上想他们都想哭啦！”

女儿突然停止了哭泣，睁大眼睛看着我：“妈妈也哭啦？什么时候呢？”

“是啊，昨晚你睡着了，我想他们了，因为他们不但爱你，他们也同样爱我呀，我也舍不得和他们分开呀，所以也难过得掉眼泪了呢！”

女儿笑了：“哦，原来妈妈也和我一样！”

“是啊，那我们一起来想他们吧！想想和他们在一起的快乐和幸福，好吗？”

“嗯！”女儿不再哭泣，而是开始细数姥姥和姥爷对她的好，后来又说到姨姥姥、舅姥爷、舅舅们、姨姨们对她的好，越说越开心！

“那我们明天试着来做姨姥姥给你做过的好吃的，好不好？”

“好！”孩子开心地拍起了小手。

在共享中，思念会变得非常美好。

让孩子感觉到我们在一起思念，一起在意，一起爱我们的家，只要传达给孩子我们是有爱的、和谐的家庭，那么空间的分离就不会代表着爱的断层，孩子就不会认为真的失去了爱。

如果我们感受到了爱，可以在分离之后，带着孩子活出爱我们的人的精髓和美德，用这种方式来进行思念和传承，这是“化悲痛为力量”的很好的方法。

相聚是为了让我们感受爱的甜美和温暖；分离是为了让我们把爱收在心底，感受来自心底的爱意，并把这份获得的爱，通过我们自己传递出它的价值。

【生活故事：引导焦虑、找到希望】

妈妈陪着2岁半的宝宝和外婆一起去了外婆家，然后妈妈回家了。

孩子不开心，不接妈妈的电话，还对外婆说："我不要听妈妈的电话，她是一个坏妈妈。"

孩子们在一些事情上没有得到满足的时候，得出的结论一个是"我不够好"，另一个是"对方是一个坏人"。

2岁多的孩子开始有了辨析好坏的能力。标准是：对方满足我就是好人，对方没满足我就是坏人。所以他们的心里已经开始出现了"好妈妈""坏妈妈""好爸爸""坏爸爸"的字眼。

如果这个标准没有得到一个恰当的引导，就可能在亲子关系中，甚至在孩子的价值观养成中产生长远的负面影响。

我们来看看故事中的这位外婆是怎么跟孩子聊天的，是如何引导孩子对"好妈妈""坏妈妈""好爸爸""坏爸爸"的理解的。

【生活故事：外婆与孩子的对话】

"妈妈没有在家，你心里很难受，对吗？你希望妈妈多陪你玩，外婆理解你，外婆也会替你去和妈妈说。你觉得妈妈是不是爱你的？”

“有时候爱，有时候不爱。”

“哦，什么时候爱？你想抱抱时她就会抱你，还陪你玩游戏、带你去公园，是不是？”

“是。”

“什么时候你觉得她不爱你？你想她陪你，她没时间陪你，你想她和你玩，她没时间和你玩，是不是？”

“是。”

“那妈妈到底是不爱你，还是暂时没有时间呢？如果她有时间，她愿意陪你吗？”

“愿意的。”

“哦，原来是妈妈没有时间，她心里也爱宝贝，但有时候时间不允许，她其实也希望和宝贝多待在一起。所以我们要珍惜和妈妈在一起的时间！妈妈不在的时候，你想做什么先和外婆说，外婆陪着你做，等妈妈回来你再和妈妈做，好吗？”

“好的！”

外婆成功地把孩子对妈妈“坏”的想法引导为“妈妈是爱我的，但是她有时候没有时间”，从而很巧妙地化解了孩子对

"无论什么离开你，你还会得到新的"，这是每个人在心理成长过程中都必须要有的认知。

妈妈的不理解，也帮助孩子慢慢地了解妈妈的有限、妈妈的需求，然后慢慢地引导孩子走向和妈妈的伙伴性依恋关系状态。

同时外婆还引导孩子把没有满足的需求变成一个小愿望，延迟满足去实现。没有这样的引导，孩子心中就会永远埋藏着不被满足的缺憾感，无法转化为在等待中获得满足和收获后珍惜的感觉。

如果我们能让孩子在与父母分离的同时，让他感受到爱意相连，并且引导他的焦虑走向成熟，那他就不会陷入过度的焦虑。"无论分离多远，我们的心仍然是在一起的，爸爸妈妈是爱你的。"

（案例中的沟通方式可以参考《怎样成为好父母1：戒掉爱中的伤害》一书。）

我们以为是分离伤害了孩子，但造成伤害的不是"分离"本身，而是周围的成人如何解释、面对和处理"分离"。分离可能会造成某些遗憾，遗憾本身并不会造成绝对的伤害，分离时和分离后我们对待孩子情绪的错误方式，才会造成伤害。

这个阶段如果过渡好了，孩子的分离焦虑就会减轻很多。

所以，如果在孩子上幼儿园后，幼儿园老师也能用这种方法跟孩子一块面对孩子与父母分离的焦虑，孩子因上幼儿园而离开家庭的分离焦虑同样会减轻很多。

part 3 不要用会失去妈妈的爱来吓唬和管教孩子

【生活故事：再不听话，你妈就不要你了】

保姆帮我照顾孩子的时候，总是拿我来吓唬孩子。有时候孩子不听话，她总说："你再不听话，你妈就不要你了！""你再这样，我就去告诉你妈，看你妈怎么收拾你！"

当孩子吓哭了，她又会说："好了好了，没关系，我要你，我帮你！"

这样根本没有管到孩子，还让我觉得很别扭。

这样拿我吓唬孩子对吗？

传统的教育中，似乎孝道就是大人要孩子怎样，孩子就应该怎样，如果孩子没有满足大人，就是孩子的错。有一些大人喜欢让孩子成为自己的"小棉袄"，这真的是一个必须要丢弃的可恶的传统认知。

一个还不能完全独立的孩子，对于自己的情感、认知还没有足够的了解，正是需要大人来包容、支持和引导的时候，怎么可能去满足大人的好恶？

当大人们习惯于把给孩子的爱和孩子的行为挂钩，用自己的喜好来要求孩子、用爱来威胁或者奖励孩子，那将对幼小的孩子造成巨大的恐慌。

幼小的孩子没有办法独立，他们依靠父母的爱护才能存活在这个世上，本能的生存恐惧和不安全感对他们的影响还是很大的，所以“不要你了”这句对于大人而言随口一说的话语，对于孩子来说则可能意味着被拒绝和被放弃。除了父母，他们还可以依赖谁呢？

这样的处理方式，会让孩子在潜意识中感觉自己被遗弃了，缺乏基本的安全感，不论是在孩子性格的形成方面还是在孩子与他人相处方面，都会有极大影响，很可能会导致孩子人格和心理发展不健全。

生命应该是一种庆祝，只因它的自然存在和自然成长！宇宙无条件接纳我们每个成人，我们无条件地呼吸空气、无条件地享受阳光，我们也应该给予弱小者无条件的爱和帮助。所有的能量都存在守恒定律，有接受、有付出

才会平衡，就如同一个水池，不进不出就会成死水，只出不进就会干涸，而只进不出就会塌陷和淹没，只有有进有出、进出有度，才会是活水一池。所以我们曾经收获的祝福和爱护也是一样的，需要经由我们传递下去。

【生活分享：请告诉孩子，我们是他们的朋友】

有一次，在一个青少年犯罪研讨会上，我谈到了一个问题，那就是家长们太习惯于用恐吓的方式让孩子改变行为，以至于很多孩子在不好好吃饭、不按时睡觉、跑闹停不下来的时候，都被家长们这样说过："再不听话，警察叔叔就会来抓你，警察叔叔专门抓不听大人话的孩子。"

有一年过年，我听到一个3岁的小女孩说："哇，太好了，过年了，放鞭炮了！把那些警察和保安都吓跑！"不用说，一定是父母没少拿警察和小区保安来吓唬孩子。

而警察叔叔在做什么呢？前段时间，网络上盛传一个外国的警署给全世界的家长的公告："请告诉你们的孩子，遇到危险的时候可以来找我们，我们是他们的朋友！"

看来拿警察恐吓孩子不是中国家长的专利。

当我们用恐吓的方式来教育孩子时，到底是在孩子心中建立了对父母和警察的敬畏呢，还是在孩子心中建立了对父母和警察的恐惧和憎恨？

孩子的理解能力有限，他们很难通过分析和观察判断，往往简单的话语就会让他们信以为真。

这样当一个孩子在遇到危险的时候，就很可能会把能保护他的警察叔叔当成坏人而回避，或者可能把爱他的爸爸妈妈当成惩罚自己的恶魔而逆反。

有的保姆也会采用这种方式，这可能是一种习惯，也可能是保姆在管束孩子的过程中，害怕管得不好会引起孩子父母的不满，所以不敢直接要求孩子做什么或者不做什么。

但不论是什么原因，一定要注意的是，不要用会失去父母的爱来吓唬和管教孩子，比如说“你爸爸妈妈不喜欢你了”或者“不要你了”，而要换用其他恰当的方式来引导孩子。当孩子和父母不在一起的时候，这一点尤其重要，因为这时孩子更加没有机会去验证是否失去了父母的爱。

同样，父母也不能这样去吓唬孩子，这种做法很容易使父母与孩子的亲子关系发生信任危机，从而使孩子产生不安全感，继而导致没有办法帮助孩子健康过渡到第四阶段的依恋关系状态。

part 4 让父母在孩子的心里永不缺席

如同上一节所谈，不要用会失去父母的爱来吓唬和管教孩子；同时，接手的抚养人也需要在父母不在孩子身边的时候，负责传递父母的爱给孩子，让父母在孩子的心里不缺席。

（1）告诉孩子“爸爸妈妈是爱你的”。

陪伴在孩子身边的人，所要做的不仅仅是传递自己对孩子的关注和爱，还肩负着传递整个家庭对孩子的爱的责任。

一些家庭请的保姆都是朴实的劳动妇女，她们对孩子的爱护很质朴、温暖、稳定，但是她们不会表达她们来到这里是传递孩子父母或者更多人的爱给孩子；还有一些家庭委托亲戚照顾孩子，比如爷爷奶奶或外公外婆，可能把孩子带得很好，却不知道如何帮孩子和不在身边的父母建立感情连接。

家里的委托照顾者，可以多对孩子表达下面的意思：

爸爸妈妈上班不是不爱你，妈妈是爱你的，爸爸也是爱你的；爷爷奶奶（阿姨）负责给你做饭、洗

> 这个表达的方式，越生活化越好。不管孩子小的时候是否听得懂，都要种一颗这样的种子下去，总有一天孩子会明白。

澡，爸爸妈妈负责挣钱养你，我们共同照顾和爱护你，只是爱护你的方式是不同的。

如果不断被灌输这样的内容，那么孩子虽然没有跟父母在一起，但他依然能够感觉到父母的爱意。

（2）让孩子感受到爸爸妈妈的存在。

【生活故事：奶奶帮孩子和妈妈建立感情连接】

妈妈需要出差一段时间，1岁半的锦宝很难过。

奶奶对孩子说："妈妈要去上班，你很舍不得，是不是？奶奶理解！你最喜欢妈妈在的时候和你做什么？"

锦宝说："讲故事。"

奶奶："哦，锦宝最喜欢听妈妈讲故事了！这样，奶奶和妈妈商量一下，让妈妈多准备一些故事，给你录下来留着。每天晚上睡觉的时候，咱们放一个妈妈讲的故事好吗？这样妈妈的声音就可以一直陪着锦宝了，好不好？"

锦宝开心地拍起了小手。

如果父母长期不在孩子身边，孩子的委托照顾者最好能帮助孩子做些让他了解父母的事情，比如，拿着孩子父母的照片告诉他，这是爸爸，这是妈妈；或者给孩子讲些他爸爸妈妈的故事，让孩子感觉到父母好像就在自己身边一样。

part 5 把父母的爱与精神传递给孩子

【生活故事：我的父母没有爱的能力】

一位成年女性在和我讨论她的家庭关系和成长经历的时候，十几分钟后就被我打断了。我问她："你是否意识到你刚才所描述的这10多分钟里，都是在描述小时候照顾你的奶奶的好，对后来照顾你的爸爸和妈妈，你一句好话都没有，你是否觉得这是你想要表达的？"

她停顿一下说："的确是我父母这边比较弱，各方面的能力都比较弱。"

我又问道："一个孩子对父母的感情，仅仅是以评论他们的能力而呈现的吗？俗话说'子不嫌母丑'，但似乎你很嫌弃你的父母，你是要表达这个意思吗？"

她愣住了，然后接着说："我父母没有什么爱的能力。"

我问她："那你能说出一两个在你心中他们有爱的能力的故事吗？"

她哑然了。

我也沉默了一会儿，接着说：

"每个人表达爱的方式和爱的能力是不同的，但不代表没有爱。在你刚才的描述中，我没有看到你父母对你的任何伤害，我也清楚地听到他们把你抚养成人，但你对他们的态度，我只听到了很多的不满。这是一个不符合常理的现象。

“所以我猜测这可能是周围环境对你的引导所致——一个孩子对父母的不恰当的评论，往往是来自外界其他关系的引导。

“请问，你之前成长的周边环境里的人会不会常常和你谈起你的父母？他们会如何对你说起他们？”

她回答说：“会的，我父亲的兄弟姐妹们会经常和我谈起我的父母，他们是很有爱，也很关心我的父母，也常常对我说要爱我的父母，因为他们实在太不容易了，例如‘你妈很不容易的，她身体不好’‘你们要多体谅她，你妈很虚弱，需要你照顾’等。”

说到这里，我想请问大家，这个案例中养护者传递给孩子的，是父母对她的爱吗？

我在平常的工作当中，也会遇到很多类似的案例。养护者会经常对孩子提起他们的父母，以便在孩子心中树立父母的形象，但是树立的内容是什么呢？对比下面的故事，我们再看看。

【生活故事：妈妈的礼物】

我是一个3岁孩子的妈妈。有一天我在和朋友聊天的时候，听到朋友大吐苦水，说她妈妈在孩子那里经常说她不懂事，她很郁闷。我突然发现我实在太幸福了，因为我的妈妈在孩子面前树立的都是我光辉、伟大的形象。

我出差给孩子买一个玩具，我妈会对孩子说："这个是妈妈去好远的地方，给你买回来的，专门给宝宝挑选的礼物。"

我周末陪孩子去公园，我妈会对孩子说："妈妈工作很忙，下班有时候会感觉累了想休息，但是她还是会努力地安排时间陪宝宝出去玩，因为妈妈很爱你，在她心里，宝宝很重要啊！"

我晚上给孩子读故事书，第二天我妈就会对孩子说："妈妈昨晚给宝宝读的故事好听吗？宝宝，妈妈讲故事讲得真好！宝宝有这样的妈妈真幸福！"

其实，我的工作真的很忙，但是无论我多么忙，我的孩子和我的关系还是很好的。以前我以为是因为我和孩子沟通得好，我会表达情感，但现在我才发现，原来是天天照顾孩子的我的妈妈起到了很大的作用！

对比两个案例，大家可以看出这两个案例中的养护者在孩

子和父母关系的连接上，所连接的内容有什么不同了吧。

第一个案例中，“你要体谅你妈妈的不容易”，他们传递的只有妈妈的苦难、弱小、无助，却忽略了不论有多少困难，妈妈依然尽了她最大的努力把孩子抚养成人；周边人传递的话语中，没有妈妈对孩子的用心、爱和努力；同时，当周边人把母亲的“苦难”都压在这个孩子身上的时候，孩子可能会因为有限的承担力而自责和逃避父母。

第二个案例中，老人传递的是“你妈妈是很爱你的，不论她有什么困难，都会努力地爱你”，她连接的是父母和孩子的爱，她的话语把父母对孩子的爱放大、传递给了孩子，让孩子接收到的是祝福、牵挂和关心。

这两者之间有很大的区别。

如果我们想让孩子了解妈妈的不容易，让孩子成为一个有责任和会分担的人，千万不要在孩子还弱小的时候把大人的重担压在孩子身上，而应该让孩子看到父母强大的精神力量，鼓励和引导孩子成长。

一个两三岁的孩子知道给妈妈倒水，用毛巾帮妈妈擦汗足矣，一个一岁半的孩子知道在妈妈做饭的时候，帮忙捡豆子和青菜就很好。让妈妈的努力带动孩子的成长，有爱有行动，这不但树立了父母在孩子心中的榜样形象，还能让孩子从小就拥有一种努力的动力，让孩子明白自己所做的不是对妈妈负责，而是追赶妈妈努力的脚步，和妈妈一起承担责任。

养护者一定要在连接孩子和妈妈关系的时候强调正向精神。

另外，我常常会说，成年人的世界需要联手、互相帮助，成年人的困难需要成年人互相帮扶解决，而不是让一个没有社会经验的孩子解决。所以，身边的家人，如果真的心疼孩子父母，应该多加往来、多加沟通、多加帮助。

同时，如果在孩子幼小的时候，传递给他太多的责任意识，却没有告诉他如何做可以承担起这个责任，就会压垮他的自信和希望。所以，大人们与其要求孩子对父母负责，不如教会孩子如何做是可以为父母分忧的。

周围人对孩子的引导应该是：

“妈妈很辛苦，但她在努力地克服困难，她很坚强，她也很爱你。”

“如果你想为妈妈做点什么，等妈妈下班回来给她擦擦汗、倒杯水。妈妈在努力，你也要认真努力。妈妈一定希望看到你健康

长大，这是对她最好的安慰（还可以告诉孩子如何分担家务和做其他力所能及的小事情）。”

“如果你有什么需要可以先告诉我，我也会帮助你，和你一起努力。”

我们传递给孩子的应该是父母的爱和精神，而不是情感包袱。与其让孩子心疼父母不容易，不如让孩子去佩服父母，感受父母的爱和精神，发自内心地愿意去和父母一起承担责任。

扫一扫，马老师
亲自传授育儿技巧

05 分离后的回归

有相当数量的家庭，因为父母工作太忙，老人会把孩子带回老家生活一段时间，然后在孩子上幼儿园前送回来上学。因此我特意准备了这个章节：当孩子和父母在亲子分离之后重归家庭，父母该如何准备和应对。

part 1 重建亲子关系的信任度

【生活故事：妈妈，我要是掉马桶里了，你还要不要我】

女儿1岁半到2岁半这段时间，一直跟外公外婆居住在老家。我自己则通过电话跟她沟通，时不时回去看看她。

女儿快3岁时回到我身边，刚回来两天，有一次正准备出门，在给她穿衣服的时候，她突然问我："妈妈，我要是掉马桶里了，你还要不要我？"

"哪里来这么奇怪的问题？"我立刻和我妈求证是否发生过这样的事情，我妈回复说从来没有。

当时因为着急出门，我就简单回应了一句："你掉马桶里也没关系呀，妈妈把你拎出来，洗干净了不是还挺好的吗？"但她还是耷拉个小脑袋，说明问题没解决。

后来在路上我把问题想明白了。她问这么一句，大概是想知道，"如果我掉马桶里了，很臭，很脏，所有人都嫌弃我不好的时候，妈妈你还会不会要我？妈妈你还会不会爱我？"

晚上我给她脱鞋，她的脚脏兮兮的，因为夏天穿着凉鞋，脚趾缝夹着泥土和其他各种东西，我趁机抓住她的小脚丫贴在我脸上，跟她说："宝贝，你知道吗？你的小脚丫再臭也是妈妈的小香香。"

她笑了一下，停住了，又把另一只脚伸过来。我用另一只手把它抓过来，贴在脸上，又说了一遍："宝贝你要是掉马桶里了，妈妈肯定尽量帮你洗，洗干净了你会和原来一样。万一洗不干净，你再臭能臭过这双小脚丫吗？你永远都是妈妈的小香香。"

这个时候她才开怀大笑。

故事中的妈妈想明白了女儿真正想问的问题是，“如果所有人都嫌弃我不好的时候，妈妈你还会不会要我？妈妈你还会不会爱我？”

下面可能隐藏的还有一句，“妈妈，你是不是真的爱我？如果我不够好，你会不会又把我送走？”

有时候孩子被送走的时候还不会言语，父母很难让他们知道是因为什么才送走了他们，当孩子大一点之后，父母不要以为过去的事情就过去了。事实上，事情是过去了，但是往事带给孩子的感觉一直都还在，那些藏在记忆深处的“小问号”可能会存在很多年：

“我是不是成了爸爸妈妈的包袱，他们才把我送走？”

“是不是我不够好，爸爸妈妈才离开我？”

“是不是我不够好，才不被妈妈重视？在妈妈的心里，工作永远比我重要。”

幼年的孩子很容易把不能满足的原因归结为自己“不够好”，这些“不够好”深藏在他们的潜意识中，在不知不觉中影响他们和父母的关系，以及自己未来的人际关系。

所以父母要找机会告诉孩子，为什么要把他送走，因为要保护他、要给他什么才选择这样的分离。

另外，当孩子回到父母身边，父母需要给孩子一些新的承

诺和授权，才能够让孩子慢慢打消这些疑虑。以前分离时因为孩子太小，只能被选择，但慢慢长大的他们需要感觉到被尊重，并且被赋予这个家庭一分子的权利，让孩子在这个家庭中有归属感，他们的安全感就会慢慢建立起来。

比如，一个家庭的每个人都需要相互了解，也都有一定的知情权，因为我们每个人都是这个家的一分子。但是孩子经常被父母和其他大人忽略。人们往往认为孩子没有权利或没有必要知道父母的世界发生了什么，父母也不需要对孩子做什么交代，但同时父母似乎拥有绝对的权利去了解孩子的所有事情。这是一件很不公平的事情。

即便是孩子，对于父母的情况也要有一定的知情权，因为我们必须学着把他看作家里的一分子来尊重。虽然他很小，他还不能完全了解父母的世界，但让他了解一些与他相关的父母的情况是非常必要的。

比如，父母的加班。父母对孩子的“报备”会让孩子感到安心，“我在爸爸妈妈心目中是重要的”“虽然他们不能按时回来，但是他们是重视我的”“所以他们会因为重视我而更努力工作”。

如果需要加班可以提前给孩子打电话，告诉他："宝贝，妈妈想你，很想晚上回去陪你！但是今天要加班又回不去了，好希望工作完了之后早早回去看你。"

如果孩子打电话说："爸爸，你怎么这么长时间还没回来？"此时回应他最好的方法就是："想爸爸了是吗？爸爸也很惦记你，所以爸爸要更加抓紧时间把工作做好，早点完成，就可以早一点回来跟你在一起了！"

爸爸妈妈还可以经常说一些这样的话语："宝贝，昨天妈妈回来太晚了都没有来得及和你道晚安。我回来你都已经睡着了，但不论我回来多晚，都一定要去看看我的小宝贝，看看你有没有蹬被子，是不是在做美梦……""爸爸妈妈爱你。"

爸爸妈妈真的要用行动来表达他们对孩子的爱：

（1）陪孩子做一些他们喜欢做的事情，多给他们鼓励和肯定。在一起游戏玩耍的过程中，感情分数是最容易上升的。

（2）花时间给他们讲故事，做一些我们在后面几个章节里提供给大家的互动活动，会让孩子感觉很贴心。

（3）这个阶段的孩子，虽然对柔软、温暖的肢体语言的互动需求不如刚出生时那么多，但还是需要的。多拥抱他们，多对他们微笑，多在游戏的过程中一起大笑，多在他们探索失败的时候用怀抱告诉他们"我在"……

许多这样的小事的积累，会让孩子心里的“问号”慢慢消失，即便曾经的分离对他们还是会有不同程度的影响，但是当孩子心里有了坚定的爱、信任、期待，在未来就会有更大的免疫力和接受力去面对不同的分离。

面对分离之后的关系修复需要一定时间，我们在分离之前为孩子的依恋满足度、依恋环境的配合度、分离铺垫等付出了多少行动，会影响，甚至决定分离后的回归阶段我们将需要多长时间重新让心靠在一起。

给彼此一些重新靠近的时间。

【生活故事：妈妈，我懂了你的爱】

我的女儿一直往来于北方老家和我自己的家庭。

1岁半被我父母带去老家，3岁回来上了1年幼儿园，又回老家上了2年幼儿园，6岁回来上小学。

在她一年级的一天，突然对我说：“妈妈，你以前总对我说，你不能每天和我在一起，不是因为不爱我。以前我不能理解，现在我懂了。我看见海绵宝宝和它的朋友告别的时候，也是这样说的，它说‘朋友们，我们暂时分开了，但是我们的爱永远在一起’。所以，我懂你说的话了。”

是的，“我们暂时分开了，但是我们的爱永远在一起”。

让我们和孩子一起在时光中成长。

part 2 别忽略习惯的过渡

当离家的孩子重新回到父母身边，除了要重建亲子关系的信任度之外，还有一个非常需要重视的地方，即生活习惯的过渡。具体习惯的差异会导致亲子关系中产生说不清楚的距离感。因此，妈妈需要正视这个过程。

【生活故事：孩子和我怎么了】

以前孩子和我在一起的时候，都是我给她洗澡，她特别依恋我，喜欢和我一起冲水玩。

可是回老家1年后再回来，我发现孩子不让我给她洗澡，还会哭，还不愿意用花洒冲。我对她说：“宝贝，这不就是你喜欢的吗？”可是她还是使劲哭，不理我，直到她奶奶把她抱走。

虽然孩子会自然地跟你亲近，但这只是一种血脉相连的亲切、熟悉感。

除去这种感觉之后，生活环境和生活习惯的各方面差异就会出现，孩子肯定会不习惯一段时间。就比如长期在国外出差的人，突然回国，虽然感觉很亲切，但会产生不习惯的感觉一样。如果这个时候，立刻对孩子进行新的环境里的行为约束，孩子的不安全感、不适应感、压力感就会增大。

思念孩子的妈妈对孩子的认知一直停留在之前和孩子一起生活时的互动状态，但事实是孩子已经和妈妈分开了1年多，不论妈妈是否愿意，孩子一定有所改变。因为年龄的不同、经历的不同，孩子的生活习惯一定会有改变。孩子熟悉的洗澡方式已经在奶奶家改变了，但是妈妈还是在沿袭很久以前自己和孩子没分开时的习惯，所以孩子不能接受也是正常的。

因此，我们不要期望刚回归的孩子立刻就和自己很亲近，或者孩子的行为和自己所想的一致。

【成人生活故事：我被逼着长大】

我1岁多一点后跟我奶奶一起生活。因为我是长孙女，所以奶奶对我非常疼爱。那段时间，我很开心，无忧无虑的。基本上就是饭来张口、衣来伸手，洗澡时奶奶会把衣服拿好、水打好，连洗澡都是由奶奶给我洗，什么都不用操心。洗完澡毛巾也不用管，放在哪里都行，也不用挂起来，洗完了就出去玩。

然后到了5岁多要读学前班，就回到了爸爸妈妈的身边，爸爸妈妈对我的要求和奶奶对我的要求完全不一样，我好像需要立刻长大了，反差特别大。

比如洗澡，为了改掉别人帮我拿衣服的习惯，花了蛮多的功夫；而关于洗完澡我没挂毛巾的事情，妈妈会到处去找我，把出去玩耍的我找回来，然后不会骂人，也不批评我，但就是坚持让我把毛巾挂好。

又比如，梳头我自己梳不好，妈妈的解决方式就是：反正你多梳几次，我再教你梳两次，你自己也就会了。

她也通过这样的方法去纠正我的一些习惯。而我一直觉得有些生活技能就是这样被逼着学会的。

随着我慢慢长大，外界教育的说法是，对爸爸妈妈要尊敬、要爱护，对长辈要孝顺，自己的爸爸妈妈是最亲的。这些我都知道，但是知道是一回事，心里还是赞同奶奶对一些事情的处理方式。我和奶奶在一起时，我睡觉时都要握着她的手，到我很大的时候，做这些我都觉得很自然。

但是对我妈我就做不到。一直都是跟她规规矩矩的，不会像对奶奶那么自然、那么亲近。如果要说有什么特别亲近的接触，顶多也就是玩一下手。

我和我妈的这种关系持续了这么多年，以至于习惯了这样的表达方式。所以，我长大后也做不到与妈妈有很自然的肢体接触。

这个故事中妈妈教导孩子管理好自己物品的方式，从教育的角度来说已经很棒了。她不骂孩子，也不和孩子急，只是一遍又一遍地坚持原则地帮助孩子，教她、陪她做，这是很好的教育方式，就教育方式来说是一点问题也没有的，但是孩子为什么和她不亲近呢?

因为她的教育方式与孩子更小的时候奶奶的教养方式形成了太鲜明的对比，以至于孩子一下子不习惯，接受不来。

在幼小的孩子的心中，不习惯的东西就是“不好的”，他还不能分辨对错。如果大人也没有引领他进行分辨的话，他就会按照自己的标准来判断好坏。

从抚养者那里回到自己家庭的时候，也要有一个习惯过渡的过程。接下来我们通过另一个案例来看看习惯过渡要注意的地方。

part 3 注意依恋方式的更替

当离家的孩子重新回到父母身边，除了亲子关系信任度的重建和生活习惯的过渡之外，还有一个很需要重视的问题，就是孩子情感互动习惯的改变，比如情绪平缓的方式、表达亲密的方式等。

【生活故事：困惑的孩子】

快3岁的靓靓从爷爷奶奶家回到父母的家里准备上幼儿园了。靓靓对于回家这件事感到开心极了，见到爸爸妈妈又搂又抱，但接下来的几天却和爸爸发生了一些不愉快的事情。

一家人一起看电视的时候，靓靓总要跑到坐在沙发上的爸爸后面，想要骑在爸爸脖子上。爸爸开始还会耐心地对孩子说："不可以这么没礼貌，快下来。"孩子还是大笑着要往爸爸脖子上骑，几番撕扯之后，爸爸发火了："你这孩子怎么回事，这么不听话！"妈妈赶紧过来拉开靓靓："宝宝，不能再

这样了，这样的行为很不礼貌。”靓靓笑嘻嘻地跑开了。

又过了一天，晚上爸爸下班回来很累，躺在沙发上休息，靓靓又笑嘻嘻地跑过来，爬上爸爸的身体，骑在爸爸的肚子上，像骑马一样摇来摇去，爸爸对他说：“哎哟，宝贝这样不行，爸爸的肚子受不了。”靓靓看着爸爸这样，更加兴奋，不但摇来摇去，还时不时一跳一跳的。爸爸在几次声讨之后，终于生气地把靓靓从身上翻了下去。这一次靓靓哭了。

旁边的妈妈走过来，拉开靓靓：“宝宝，下次不能再这样做了，这样会把爸爸弄疼的！”

靓靓哭得更大声了。

爸爸妈妈面面相觑：“做了错事，好像还有理了？怎么会这么不尊重别人，不顾别人的感受呢？”

晚一点，妈妈和奶奶通电话，说起了靓靓这两天“调皮”的表现，想问问奶奶靓靓在奶奶家是不是也是这样，有没有好办法学习。

奶奶在电话中笑了起来：“你不知道哦，这个小家伙天天就喜欢在他爷爷肚子上又坐又跳，一会儿又爬到脖子上，一会儿又骑到大腿上，他爷爷求饶，他就这样。他们俩平常就是这样玩的。”

原来，靓靓和爷爷经常用这种方式表达相互的喜爱，爷爷会经常在出门的时候把孩子举起来坐在自己脖子上，在家里也经常和孩子打来闹去。

所以当靓靓回到父母家里后，非常想和爸爸亲近的他，就使用了和爷爷互动玩耍的方式，而当爸爸不认同他这种做法的时候，幼小的他把爸爸的反应理解为和爷爷向自己求饶一样，是爸爸对自己这个行为的配合性回应，这当然让他感觉更受鼓励，动作就会更大了。

当爸爸妈妈最后和他翻脸发怒的时候，他是非常困惑和委屈的，“刚才玩得好好的，为什么突然就说我不好了？我还那么卖力地想和爸爸亲近！可是你突然翻脸，我该怎么办？”“爸爸，你爱我吗？”

我们首先要做是不要训斥孩子，而是要了解孩子这个习惯背后的“渴望和爸爸亲近”的原因，然后把这个原因和“在爸爸身上玩耍”的方式分开。

“宝宝跟爷爷在一起的时候经常这样玩，爷爷非常喜欢跟你这样玩，我听奶奶说，你和爷爷这样玩的时候真的很开心哟！”这是认同这种方式存在的价值，它是孩子和爷爷在一起表达亲近的方式，也是陪伴孩子对和爷爷奶奶一起生活的思念和回忆。

孩子回归的时候，父母在依恋转移的角色中是接手者，也需要考虑我们前面所谈的接手者需要注意的地方，这样会帮助孩子保留完整的感情。

“所以宝宝也想和爸爸这样玩耍，因为宝宝很喜欢爸爸，想让爸爸也一起玩这么好玩的游戏，是不是？”这是肯定孩子和爸爸的关系连接。

如果真的不喜欢这种方式，我们可以再告诉孩子：“这个游戏宝宝和爷爷玩得真好，可是爸爸的身体没有爷爷的身体那么好，所以肚子真的会疼呢！可是爸爸也爱宝宝，好长时间没和宝宝在一起了，也想和宝宝亲近呢，爸爸会玩另外一些游戏，宝宝要不要和爸爸一起来试试？”

找到孩子的需求点再转换方式，而不是直接批评孩子，给孩子的感觉是“我可以用过去的方式表达亲近，也可以用新的方式表达亲近，只是爸爸更接受后一种方式”，这样孩子的行为习惯就可以很自然地过渡。同时，“爷爷和爸爸都爱我，爷爷爱我的方式是和我玩这个游戏，爸爸爱我的方式是另一种方式”，这会让孩子懂得，“爱”与“爱的方式”是不同的，不同的人爱自己的方式和能力也是不同的。这对于孩子的社会性认知也有着非常好的帮助。

另外，还是那句话，孩子的改变需要时间，给孩子时间，允许孩子一点一点改变。

当他不小心又骑到爸爸身上的时候，爸爸也不要勃然大怒，只需要立刻抱住他，对他说："宝宝又想和爸爸亲近了是不是？宝宝又想和爸爸玩耍了是不是？好了好了，爸爸陪你去……"这样，就很自然地把孩子拉进了改变行为方式的过程中去了。

让孩子同时爱着在身边的亲人以及曾经照顾过他但现在不在身边的亲人，把这些不同的美好都保留下来，不因这些美好的不同而质疑爱；让他和当下的亲人在一起的时候，能够用眼睛和身体感受到当下的爱；对于暂时分开的亲人，帮助孩子把他们的爱收在心里。

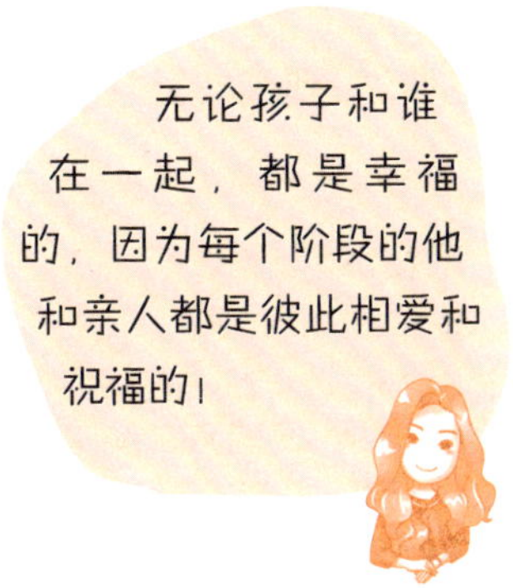

扫一扫，马老师
亲自传授育儿技巧

断奶和上学需要计划与联合

part 1 断奶的计划干预

很多生活习惯和依恋方式的改变，以及每一次新的尝试，对于孩子来说，都是一次新的探险。如何让这么幼小的孩子在这个“探险”的过程中能够比较顺利地改变和过渡呢？

幼小的孩子在“探险”的过程中顺利改变和过渡的方法

- 提前熟悉新习惯的建立
- 准备好依恋关系的接替、转移

本节我们以“断奶”为例，来分享当孩子的习惯需要改变的时候，父母们该做哪些方面的准备。

1 失败的“突然停止型”断奶

妈妈的奶水对于孩子来说是生存所需，断奶代表生存来源将从奶水转向其他食物，这是饮食方式的改变。同时，因为妈妈对于孩子来说是情感依恋者，吃奶则是孩子从妈妈那里得到依恋互动的一种方式，因此孩子饮食方式的改变也代表着孩子和母亲之间的情感依恋习惯的转变。

断奶不是改变孩子的食物那么简单，还必须关注孩子的心理需求。

对于断奶的时间争议非常大。有些从事幼儿教育的人认为，母乳喂养可以坚持到孩子2岁左右，当孩子不想吃的时候再断奶。但我个人认为，尽管从生理角度来说，这种说法是成立的，但从心理角度来说，这时候断奶太晚了。

莫言写的《丰乳肥臀》里面的男主人公，断奶很迟，成年后见到美女还是有孩子般渴望吃奶的反应，没有成年人的性欲冲动。尽管这是一部虚构的小说，但在传统教育中，有很多类似的案例，这是典型的心理成长没有完成社会化的表现。

成熟的、社会化的成年人，需要为自己的生存和情感的幸福负责。对于自己的食物，需要自己选择材料、进行加工，并运用工具吃入口中。我为自己的食物和生存负责。只有具备这样自我负责能力的人，才能慢慢成长，渐渐进入社会化的独立负责状态。

对于情感的成长，严格来说，有相当一部分人的情感心理年龄还停留在口欲期阶段，也就是吃奶的阶段。只要想吃，就希望可以吃到，不能延迟满足，也不需要自己努力创造。所以这样的人在成年后，在处理感情时就是这样一种状态：我饿了，你要满足我；我无聊了，你要陪我；你没有满足我，我就使脸色；你没有领悟到我的脸色，我就躲起来、冷战或者发脾气。这在情感上也是一种不能自我负责、不能独立的表现。

而从生理角度来说，在宝宝10—12个月大的时候，胃肠消化功能就基本完善了，宝宝对营养的需求也加大了。

孩子必须从心理上慢慢理解，妈妈的爱和妈妈的奶水是两回事，爱可以有很多种方式，接受爱的途径也可以有很多种，不同的年龄，爱的方式应该是不同的。这样便于让孩子向社会性个体过渡。

因此，一般来说，除去个别案例，孩子12个月左右是考虑断奶最好的时间。

在前面我们谈到父母对孩子依恋关系的转移中，不恰当的一种方式是“突然离开”。而在父母对孩子生活习惯的转变的不恰当处理方式中，第一个就是“突然转变”，包括种种的“立刻”，比如分床、断奶、上幼儿园等。现在我们先拿断奶来举例子。

【断奶失败案例：突然停止型断乳】

我本来想一次性让孩子把奶断了。所以，我让我妈来帮忙喂孩子辅食，然后我自己就不管她吃东西了。我想，没有母乳了，孩子肯定要吃别的东西。但是孩子哭得特别厉害，拒绝用奶瓶和吃辅食。

尤其是晚上。原来她晚上醒来要吃一次奶。后来我睡在旁边房间，让我妈陪她睡，但是她晚上醒来找不到我就会使劲哭，可能知道我就在旁边，非得看到我不可。我妈就坚决不让我过去，但是几天下来，她哭闹的情况不但没有好转，而且越来越厉害，大家也都没法睡觉。

这样折腾了几天，我实在不忍心，最后又重新喂奶了。

做这些准备，本来是想可以慢慢彼此独立了，但事实是在这之后，孩子的安全感似乎下降了，开始黏我、要我抱着睡，睡的时候要抓着我的衣服，似乎要确定醒来一定要见到我。这似乎与我想要达到的目的相反了。

一些家长的断奶方式是，在孩子没有任何准备和心理预期的情况下，突然停止母乳喂养。有的妈妈在自己的乳头上涂辣椒油等，让孩子自己慢慢放弃；有的父母用直接不理睬的方式来应对孩子的哭泣。

“突然停止型”断奶，让孩子的突发性的心理不安全感和慌张感变得很强烈，如果孩子原来有夜里吃母乳的习惯，他的被遗弃感会加重，因为在夜里，他的心理依恋需求会更大些。

当孩子的情绪出现大的波动时，在意和心疼他的妈妈也可能会出现情绪波动，对于断奶产生犹豫，继而为了“保护”孩子的安全感，重新喂乳。这样反反复复，很容易造成焦虑型的依恋关系：孩子一会儿感觉有依恋感，一会儿又没有了，“明明有，但是不给我”成为孩子潜意识中的一个错误解读。这更加会给孩子带来不安全感，造成孩子情绪不稳、夜惊等状况。

因此，我们建议断奶需要提前并有规划地进行。

2 提前熟悉新的饮食方式

如同在依恋转移中我们提到的“要让孩子有心理预期”一样，在孩子的习惯发生改变的时候，依然要注意到这一点。人不是电脑程序，说改变就改变，改变都有一个过程，如果在改变之前就能做心理预期建设，将会大大缩短后面真正改变的过程。

（1）让孩子熟悉新的“饭碗”方式。

一个从来不用奶瓶进食，甚至不用奶瓶喝水，仅仅吃母乳的孩子，断奶是比较困难的，因为他习惯了这种进食的方式。事实上，经常吮吸奶嘴的孩子会有更多自我满足的心理能力。

但我也见过一些孩子，对橡胶的味道比较敏感，因此一直拒绝吃奶嘴。所以对于他们来说，用小勺喂也是一种办法。每次只用几分钟，小勺喂的可以是配方奶，也可以是母乳，让孩子养成一种新的习惯。

甚至可以让他们先接触饭碗和其他餐具，观察大人如何使用饭碗等餐具。

（2）让孩子熟悉新的食品。

在这个过程中，很重要的是找到孩子的味觉、嗅觉的兴趣点，多准备孩子喜欢的食物，把孩子的饮食兴趣转移到饭菜上去。这是从食物的角度来让孩子慢慢做到对母乳的不完全依赖。

【生活故事：提前告知，成功添加辅食】

宸宸快5个月了，我在给孩子添加辅食之前，提前对孩子说：“宝宝，你在慢慢长大，再长大一点，妈妈的奶水营养就不够了。营养不够，宝宝就不能长高、长大、睡好觉，也就没有劲和爸爸妈妈出去玩，所以还要加一些其他好吃的食物，这样宝宝才能长高。”

然后过一段时间，给孩子拿一些吃的东西来，对孩子说：“看，妈妈一直和你说的增加营养的好东西来了，宝宝吃了可以健康长高、长大啦！”

如此一来，孩子更容易接受辅食。

这就好比市场营销，想要推出什么产品，先提前让大家知晓有这样一个好东西，它的具体功能是什么，激发起大家的购买欲；然后“千呼万唤始出来”，往往在购买者等待的过程中，购买需求就会增加。因此，提前预告，对于孩子也能起到同样的广告效应。

不要以为四五个月的孩子完全听不懂我们说的话。的确，宸宸妈妈话语中的“营养”，孩子听不懂，但是这种“营养”会造成什么具体的影响，如“长高、长大、睡好

觉，才有劲和爸爸妈妈出去玩”，这些和孩子的实际行为相关的具体内容，孩子是有可能听懂的。

增强孩子对新食物的注意力和熟悉感，还有一个方法，就是准备一些关于餐具或者食品的玩具，让孩子在玩耍的过程中，从心理和认知上慢慢熟悉和亲近食物，从而达到向辅食顺利过渡的目的。

（3）渐进式更换饮食内容。

在孩子情绪稳定的时候，先减少一次母乳喂养，用牛奶或者其他食物代替。每个孩子的接受度不同，有的孩子不太能接受每天一次的食物更换，就先两三天，或者三四天代替一次，再慢慢增加次数。

一般来说，白天比晚上更容易让孩子接受和练习更换主食，因为夜晚睡觉和早晨刚醒的孩子对妈妈的依恋不仅仅是生理上的，还有心理上的。相对来说，白天的其他时间里，孩子比较放松，注意的东西也会比较多，较容易接受新的事物。

3 断奶时最好有依恋转移

【生活故事：成功断夜奶】

我的女儿从出生到她断奶之前一直是和我一起睡，宝宝在夜间醒来一定要吃过母乳再睡。其实经过观察，我发现，她在夜间并不是需要吃奶，而是习惯了含着乳头入睡。为了逐渐让她减少对我的心理依赖，我能够睡一个安稳的整夜觉，我们一家人决定把夜奶断掉。断夜奶前，我是这样做的。

在断夜奶前一天我告诉宝宝："妈妈明天要加班，所以明天晚上不在家，就不能和宝宝一起睡觉了。但是宝宝还是需要有人陪着睡是吗？那让和妈妈一样疼宝宝的爷爷奶奶陪宝宝一起睡一晚上吧，等你睡醒了妈妈就回来啦。"

第二天吃了晚饭后，天慢慢黑了下来，我和家人打好招呼，对宝宝说："妈妈要去上班，要跟宝宝说再见了，宝宝睡醒后咱们再见！"然后抱抱宝宝就走了。

其实我并没有真正地走掉，只是藏了起来，从宝宝的视线中消失了而已。

到了晚上宝宝睡觉的时间了，我听到女儿"哼哼哼"地开始哭，爷爷则非常耐心地跟她说话："宝宝你知道妈妈上班去了，她不在家，今晚就让爷爷奶奶陪你好不好，明天妈妈就回来了。"

我听到后特别感激孩子的爷爷，他没有在这个时候急躁地对孩子说："你妈上班了，别哭了，哭也没用。"

见她没有停止哭泣，爷爷又对她说："你不相信爷爷？要不这样吧，你想妈妈，我们一起去找找她。"

于是爷爷带着她去各个房间找妈妈，去了卧室、洗手间、厨房、阳台……在这个寻找的过程中，孩子安静下来不哭了，然后就跟爷爷奶奶一起去睡觉。连续几个晚上的练习就让她养成了没有我陪在身边也可以入睡的习惯。

当几天后再和我睡的时候，她就没有再吃夜奶了。

成功地一次性改掉了孩子吃夜奶的习惯，我们全家都很高兴。

断奶的时候，最好让孩子和妈妈有一个短暂的分离期，由爸爸或者其他人来接替照顾孩子一下。一个孩子不可能没有依恋心理，但我们希望他减少对妈妈的心理依恋，就必须有另一个可以接手、让他依恋的人。

当孩子的接受度良好的时候，母亲的情绪也比较稳定，相互的和谐度也更好。同时，在这样的情况下进行断奶，母乳的分泌也会逐渐减少，不会出现涨奶严重的情况。

等孩子的这个习惯改掉了之后，再和妈妈互动就没有问题了。

每个家庭的情况可能会稍有不同，但我们可以利用一些类似的案例来做一些参考。接下来，我总结了这个案例中非常值得大家借鉴的几个地方，如下。

（1）提前给孩子“打预防针”：“妈妈明天要加班，所以明天晚上不在家，就不能和宝宝一起睡觉了。”让孩子有一个心理预期。

（2）养成一个新的习惯往往要伴随某些环境的改变，让孩子离开熟悉的“刺激源”。所以将依恋对象暂时转向爷爷奶奶，让妈妈和宝宝在晚上分开，这一点非常必要。否则孩子和妈妈一起睡的时候，一闻到妈妈胸口的味道，自然就会引起他的反应。

而要想做到这一点，前提是平常要让孩子和爷爷奶奶建立良好的关系，让孩子对爷爷奶奶产生信任。

（3）在表达的过程中，交接者的语言在这里也明显起到了良好的作用。

①妈妈告诉孩子，“宝宝醒来就见到妈妈了”，说明分离是暂时的，妈妈很快会回来。

②爷爷没有在这个时候急躁地对孩子说“你妈上班了，别哭了，哭也没用”，而是说“宝宝你知道妈妈上班去了，她不在家，今晚就让爷爷奶奶陪你好不好，明天妈妈就回来了”。这句话的功能就是在我们交接手的过程中让孩子得到“有人陪伴我想妈妈，等妈妈回来”的情感缓冲。

③爷爷在孩子哭泣的时候，并不是让孩子不哭，而是允许

孩子释放情绪，同时去做一些事情去印证事情的真实性。当孩子专注在验证事情真实性的时候，她的心理就处于一个自我接受的过程中，自我情绪就会得到调整，渐渐停止哭泣。

我们应该相信这么大的孩子具有良好的自我调控力的潜质。

案例中的孩子是一个具有安全依恋的孩子，可以在妈妈离开之后接受妈妈离开的事实，调控好自己的情绪，做自己要做的事情，同时等待妈妈回来。

由上我们看到，一个孩子的情绪能平稳过渡，很多时候是需要一个家庭来共同努力的。这个案例中，是妈妈和爷爷奶奶一起面对；而在另外一些家庭，是妈妈和爸爸一起面对。

我们要让孩子有一个心理预期，然后给他一个联合爱护的平稳环境。

part 2 最大的探险是“上学”

接下来，我们探讨一下对于孩子进入幼儿园，应如何提前做好准备和规划。

进入幼儿园是孩子独自面对的最大“探险”。习惯和环境同时改变，并且依恋者和依恋互动方式也会发生改变。

在面对孩子进入幼儿园这个巨大的挑战时，父母要考虑的问题

- 要让孩子在不安中勇敢，最好的方式就是陪着他面对和了解新环境
- 环境改变之前，要提前帮助孩子建立新环境中的行为习惯的过渡
- 按照“分离不焦虑”的原则，把孩子和熟悉的环境中的主要抚养人进行顺利分离

1 了解新环境

首先我们来谈一下“帮助孩子适应新环境”这个问题，想想我们可以为孩子做些什么。

如同我们在提前告知这一小节当中所提到的，在改变之前，提前激发孩子对新事物的向往和兴趣，是非常有必要的。

爸爸妈妈可以从孩子1岁开始就慢慢告诉他，“哥哥姐姐又去上学了，他们可以学到很多本领，学到很多很多有趣的知识”，等等。

在教育的过程中，“传帮带”是一个非常好的方法，就是让哥哥姐姐进行分享，这对年幼一点的孩子是非常有感染力

和影响力的。所以我们可以邀请亲戚、邻居家大一点的孩子，给孩子分享一些自己学到的小故事、童谣、喜欢的活动、开心的事情等，从而激发孩子的好奇心和兴趣，以及产生“我长大了，也要像哥哥姐姐一样去上学”的小愿望。

一些幼儿园为家长朋友们提供了入园前的参观开放日，可以让家长和孩子们更多地了解学校的相关情况。如果能让孩子在进入幼儿园之前就知道幼儿园的优势和特点，抓住孩子的兴趣点，是一件极好的事情。尤其当孩子看到幼儿园的滑梯，看到往届的小朋友一起唱歌跳舞的录像视频时，他往往会开心地跟着手舞足蹈起来。

但要注意的是，孩子往往会因为好奇和新颖而想要探索，但这只是一种探索的欲望，却不一定愿意长期待在新环境中。所以一定要在孩子上学之前，让他在心理上熟悉、习惯幼儿园的存在。

孩子不仅要了解幼儿园，还要习惯幼儿园的存在。偶尔一次的参观访问是不够的，多次提前了解幼儿园是一件很好的事，哪怕是在周围路过、散步、看小朋友上学和放学等。在孩子心里建立一个属于学校的位置，对他们未来进入幼儿园学习会有很大的帮助。

2 新环境行为习惯的过渡

（1）提前了解课堂模式，习惯课堂上课方式。

孩子在家的生活起居是否具有规律也在很大程度上影响着孩子是否能够比较快地融入幼儿园的生活。幼儿园的生活在时间上的划分是比较有规律的。孩子在3岁入园前要养成良好的作息习惯，并且要尽量跟幼儿园的作息时间衔接。

同时，孩子要了解和学习课堂模式。爸爸妈妈可以和2—3岁的孩子以“过家家”的方式模拟上课，或者根据孩子的不同特点，去早教中心参加一些亲子课程，或者让孩子单独参加一些课程。

这对孩子来说会是一个很新奇的游戏。当他喜欢上了这样的游戏，就会对上课方式的学习少了很多的心理抵触，并且随着游戏能力的增强，他对于上课时间长短的接受能力也会提高。

父母必须注意的是，这个年龄段的孩子自控力还非常有限，神经发育也未成熟，因此他安坐于某一处的时间不能过长，一般不超过20分钟。

如果孩子上了幼儿园不听老师的劝导，不愿坐着学习，部分原因是家长并没有对孩子进行提前的适应训练，孩子习惯了每天在房间里跑来跑去，没有规律性和团体配合性。

除此之外，孩子要有基本的如厕能力和自己入睡的能力。

（2）了解学校规则和老师的教学方法。

有的家长为了让孩子在新的环境中有安全感，会对孩子说："老师也会爱你，会像妈妈一样爱你。"

但如果我们仅仅简单地告诉孩子"老师和妈妈一样"，他就会简单地把自己对妈妈的了解和过去习惯的相处方式，投射到老师和自己的关系中。但事实上，老师和妈妈都爱孩子，但是她们爱孩子的方式是不一样的，幼儿园和家也不完全一样。

2岁之后的孩子要进入健康的伙伴式依恋关系当中，不仅仅强调孩子对妈妈或长辈的需求，也强调让孩子去尊重其他人的需求和界限。有了这个基础，再把这种关系延续到孩子跟老师的关系建立当中，这是非常有必要的。就像在交接的过程当中，我们已经让孩子开始慢慢地习惯不同的人爱他的方式是不一样的，他所能接受的爱的方式也是不一样的。

在此基础上，父母可以对孩子说："老师和妈妈一样爱护你，但是老师的方式不一样，你要做好准备接受老师和妈妈不一样的爱的方式，也了解老师需要你怎么去配合。"

同时，父母还要告诉孩子，如果在新的环境当中出现了一些问题，孩子可以回来告诉爸爸和妈妈，爸爸妈妈会和他共同去面对和解决的。

所以我们也需要让孩子去提前了解老师的要求和习惯界限是怎样的，继而让他尝试用一种伙伴式的关系去跟老师建立关系。

（3）有一定的和小朋友相处的能力。

一位年轻妈妈问我："马老师，我准备让我家小孩明年入托。所以按您的建议，提前参加了早教中心的亲子课程，然后发现了一个问题：她总是和我黏在一起，其他小朋友去做什么她都不去参与。刚开始我以为她就是不习惯，去了3次之后还是如此。我问她为什么，她说因为她不会。我就在家里先陪她学，学会后再去，她还说要妈妈陪。这可怎么办呢？"

这种情况，往往是因为在家里大人一对一，或者多对一的陪伴比较多，孩子缺乏和同龄孩子的互动，以及和同龄孩子共同完成某些游戏或玩耍的机会。所以父母要多给孩子交朋友的机会。

但这么大的孩子，不懂事，情绪管理和自控能力都比较弱，如果只靠他们自己去交朋友，会经常发生冲突，孩子心中的不安全感会相对比较重。这时，往往需要价值观相近、容易沟通的抚养人之间的互相体谅和配合，才能帮助他们走得更远。这样会让他们对于同龄的孩子多一些相处的安全感，敢于进入同龄人群。

所以，在孩子1—3岁的时间段内，家长要多交朋友，好友圈里的孩子也可能成为自己孩子安全度高的好朋友，发生了冲突也更有解决和改变的希望。这种需求会一直维持到孩子的小学前半段。如果一个孩子有从小玩到大的好友，并且两家人的关系非常融洽，这对孩子未来的交友会产生很好的影响。

3 “分离不焦虑”

“分离不焦虑”并不是指分离的时候不会难过和焦虑，因为我们已经了解，在任何时候分离都会难过，也会有因为不习惯而产生的不安。但如果前几个阶段依恋关系处理得比较好，孩子在这个阶段已经进入了伙伴式依恋关系状态，他们对分离之后的接受度会更高，能够更快地调整分离之后的情感状态，更快地接受环境的改变，让难过和不安变成长大的过程中必然经历的一个部分，而不会变成焦虑和恐惧。

我们可以做下面的一些准备工作，帮助他们适应。

（1）告诉老师孩子的情况，做好联合性的准备。

这一点我们在交接的过程当中也谈到过，两个交接者要对孩子的习惯进行交接，便于过渡配合。

所以，尽可能地把孩子在家里生活的情况告诉老师，比如他的饮食、睡觉和如厕习惯，他睡觉前喜欢听什么儿歌，高兴的时候喜欢搭积木还是画画，喜欢的游戏是什么，喜欢的食物是什么，表达爱的方式是什么，出现情绪的时候如何安抚他会比较容易平静下来，等等。这样便于老师和孩子形成共同语言，并在孩子需要的时候，尽量用他习惯的方式来有效地帮助他。

如果家长碰到的是一位非常细心的老师，他一定会根据你提供的这些情况，很好地照顾孩子在幼儿园的感受。但如果家长碰到的是一位带的班级里有很多孩子的老师，一般这种情况下，老师要面对那么多的孩子，很难对每一个孩子都照顾得无微不至，我会建议家长朋友们在孩子所有的习惯当中，挑重要的3个，简单明了地告诉老师，以便于老师在关键的时候帮助孩子过渡。

而爸爸妈妈和老师之间建立良好的关系，是孩子最乐意看到的情况，这会给他带来安全感；如果孩子感受到老师愿意陪伴和聆听自己对爸爸妈妈的喜爱和思念，他会更快地接受老师。

（2）参加幼儿园的亲子周。

这符合我们之前所说的，前后依恋照顾者在接手过程中，要有一段共同和孩子待在一起的过渡时间。即使妈妈在旁边不说话，孩子也会感到安心。

（3）让孩子有一个安全物。

如同我们之前所说，过渡时期可以让孩子带一两个自己喜欢的东西上幼儿园，比如自己喜欢和熟悉的毛绒玩具、常盖的小被子，或者妈妈和爸爸的照片，甚至可以让他在自己的小床上布置一个熟悉的角落，让他的思念有归属感。

我们的目的是要让孩子感觉到，分离后会有更多的人一起来爱他。

从孩子出生的身体分离，到照顾孩子时期的空间分离，到断奶的食物分离，到母亲上班的情感分离，到孩子去幼儿园的家庭分离，到不同学习阶段的学校人际变化，到父母工作调动的环境转变，到上大学的城市地域变化，无一不包含着分离和难以割舍的情绪。

带着孩子看到更大的世界，一天一天陪着他长大。虽然总有一天我们会放手，但其实依恋的交接，并不是把孩子交给别人，而是联合更大的世界，换一种方式来帮助孩子。让他知道如何飞翔，如何落地休息，如何看到收获的爱，如何看到自己心中的爱。等他长大，再慢慢教会他辨析爱的方式和自我坚持的责任和力量。这就是孩子慢慢长大的轨迹。

如果孩子和父母的分离让父母如此伤感，孩子又如何敢于去看到更大、更远的世界？

如果父母可以在看着孩子远行的背影的同时，还能在心里感受到彼此真切的笑容和关爱，那么远行，只代表我们每个人都会越来越独立，而我们的爱，从未远离！

扫一扫，马老师
亲自传授育儿技巧

07 需要支持的妈妈

part 1 特殊的孕产期

在幼儿教育中，必须要谈的一个重要的话题就是“需要支持的妈妈”。

在如今的社会中，我们可以听到很多的声音，一些新时代的“暖男”会照顾孕期的妻子，给她做营养餐，也有爸爸帮忙带小孩、换尿布。不过，我也曾听到有人说：“怀孕需要什么照顾？过去的人在家里就能把孩子生下来！女人不能这么娇气！”中国人口众多，教育普及是一件长远而宏大的事情，还需要时间继续努力完成。过去的对女权和孩子权利的不尊重的价值观，依然存在于部分家庭当中。

今天我也来和大家普及一下，为什么孕妇和产妇需要特别照料。

1 如果一个爸爸爱孩子，必须首先爱护他的妈妈

这句话不是简单地从情感角度来谈，从物理角度来说也是如此。尤其是孕妇和产妇，她们的身体状态直接影响着胎儿或新生儿。现在我们来看这些影响是怎样发生的。

（1）情绪和身体的关联性。

从医学的角度来讲，当一个人产生某种情绪时，他的身体会分泌相关的化学物质。如果一个人经常产生某种情绪，身体内部就会不断分泌相关的化学物质，积累到一定程度，就可以反作用于人的情绪。

【“情绪”实验】

20世纪70年代后，神经生物化学技术的进步，使神经化学物质的研究工作取得了令人振奋的进展。脑神经释放的化学物质和情绪互动产生的影响，成为当时脑科学研究中一个吸引人的课题。

恐暗素，是在人的大脑中存在的一种由15个氨基酸组成的肽。这种物质与恐惧情绪有关。

美国研究者把这种化学物质从经过特别刺激，因而畏惧黑暗的大白鼠的脑中提取出来，注射到未受过刺激的大白鼠脑

中。结果，接受注射的大白鼠表现出对黑暗的极端恐惧，时间长达一周之久。

研究者尝试着把这种物质转移到金鱼体内，金鱼竟然也开始害怕黑暗，甚至在白天也不敢到岩石后面的隐蔽处去觅食。

这一结果激起了众多研究者的兴趣。人们急切地想知道，大脑能释放出某些与情绪相关的物质吗？带着这样的疑问，科学家开始尝试用各种方法寻找大脑中的情绪物质。

接下来的动物实验表明：当杏仁核受损的猫表现出愤怒时，其去甲肾上腺素水平提高。那人的情绪也与某些特殊的物质有关吗？

1953年，美国华盛顿大学精神学专家阿兹克斯进行了一个类似恶作剧的实验。他以广告的方式招募几十名健康男女，告知他们要进行有关血压方面的生理研究，以打消他们参加实验的顾虑。实验正式开始时，研究人员在这些人全身各个部位都安置了各种测量用的电极，先让这些人的情绪完全稳定，然后刻意制造发生事故的通知——“不好了，不小心通上高压电了”，以此使参加实验者产生巨大的恐惧心理，并将此归结于技术员的责任。这时技术员盛气凌人地出场了，于是参加实验者的情绪由极端恐惧变为勃然大怒……随后进行的测量显示，参加实验者的愤怒情绪占主导地位时，他们体内的去甲肾上腺素含量较高。

（2）胎教和呵护孕妇情绪同样重要。

现在很多人都强调要对孩子进行胎教，因为当孩子还在妈妈肚子里的时候，他的触觉、嗅觉、听觉就已经开始发育了。我们对孩子进行胎教就是对孩子进行培养（我们会在之后的能力培养中详细探讨这个问题），但是在对孩子进行胎教的同时，人们常常会忽略对孕妇的照顾。其实在进行胎教的同时，对孕妇的照顾同样必不可少。这是为什么呢？

如果孕妇情绪低落、易怒，孩子出生后可能会出现抑郁、注意力不集中等现象。如果孕妇长期处于压力之下，孩子以后得自闭症的概率会大幅增加，并且压力越大，孩子出生后的智力发展越受限。而如果孕妇焦虑、紧张，通过胎盘传递给孩子的情绪就带有焦虑，孩子出生后可能会比较爱哭，还有一些孩子的身体健康情况则可能会不是很好，等等。

研究表明，不论孕妇的心情如何，她们体内分泌的激素都能直接对胎儿起作用，影响胎儿的发育以及孩子出生后的发展，比如孩子是爱笑多一点，还是爱哭多一点。

而那些孕期懂得放松和释放压力、情绪平和的妈妈，当然不是指那些表面微笑，或者大家眼里的被“呵护”的妈妈，而是发自内心地微笑和愉悦的妈妈，她们的孩子出生后，就比较爱

笑，也会较早和其他人互动，孩子的脑部发育会更健康，学习时的接受能力也比较强一些。

（3）产妇情绪对新生儿的影响。

产妇对孩子的影响会通过奶水传递给孩子，因此民间总有这样的说法：妈妈要是上火了，她的奶就被称为“火奶”，吃了“火奶”的孩子容易大便稀或者大便呈绿色。

而医学解释则为：哺乳期的妈妈在愤怒、焦虑、紧张、疲劳时，内分泌系统会受到影响，使得交感神经系统兴奋，从而令其神经末梢释放出大量的去甲肾上腺素，同时肾上腺髓质也过量分泌肾上腺素。这两种物质是有害的，如果分泌过多，人就会出现心跳加快、血管收缩、血压升高等症状。若“有毒”乳汁经常被孩子吸入，会影响其心、肝、脾、肾等重要脏器的功能，使孩子的抵抗能力下降，消化功能减退，生长发育迟滞。

因此，医学专家们并不建议妈妈们在情绪不好的状态下哺乳。

另外，产妇对孩子的影响还会通过她的情绪状态、身体状况和肢体语言产生，这决定了她拥抱孩子的舒适度、眼神交流的用心程度、体察孩子

产妇的心情是否愉悦，休息是否足够，对于养育孩子来说非常重要。

的敏锐度等，这些也将影响孩子的心理安全度。

2 别让产后抑郁的妈妈更加失落

【生活故事：产后抑郁的妈妈】

小孩出生3个月了，先生忙于工作，我自己带孩子。因为是我们的第一个孩子，所以在她出生前我们也看了不少书，做了很多准备，但真正照顾孩子的时候，还是遇到很多意想不到的问题。

比如，孩子吐奶。孩子经常吃完奶后吐出很多奶。我以前就知道孩子吐奶是正常的，因为孩子胃浅，奶容易从胃里溢出来，所以要把孩子竖着抱起来。

我也是按照别人的经验去做，但是每次竖着抱起来之后，孩子还是吐奶，并且从嘴里、鼻子里一起往外喷，一喷就是一大堆，我看着心疼得不行；又担心孩子吐了这么多，会不会饿着，会不会因为吐了之后身体不舒服，宁可饿肚子也不再吃了。我想再喂她吃一点，但她又不吃了，我不知道该怎么办。

每天做家务，做饭，照顾小家伙洗澡、睡觉，我都不觉得劳累，就担心照顾不好这个小不点，心里会特别难过和愧疚。

有一次孩子爸爸在家，看到孩子这样吐奶，我又着急起来，他生气地说："你怎么带孩子的，你看把孩子搞成什么样子了？”我更加着急，所以干脆一起带孩子去医院检查。

去了医院，医生看过孩子之后，简单问了几句，告诉我：“你不要着急，孩子饿了自然会吃的，没事。”然后把孩子爸爸叫进了办公室。

几分钟后，孩子爸爸出来看到我，满脸怒气，小声吼着，拉着我就往外走，“不要在这里丢脸了，医生说你可能是产后抑郁。”

我不明白的是，我平常并不觉得自己抑郁，每天照顾孩子、照顾家庭我很幸福，只是在这几件事情上比较纠结而已，只要找到方法去解决就可以了。我有抑郁症？为什么医生不直接和我说，而是偷偷和我先生说？如果我生病，不是应该尊重我、让我有知情权吗？我不知道医生到底对我先生说了什么，但最让我难过的是，因为这件事他回去后对我大发了一顿脾气。太难过了！

本来去医院就是为了找出孩子吐奶的原因，但现在事情似乎更让人烦心了！

不过，孩子身体没问题就好！

从身体角度来说，坐月子的女人是最脆弱的。另外，生理脆弱的人中，有相当一部分人心理比较敏感、情绪波动比较大，同时，身体特殊时期的激素分泌也会让她们“傻”一段时

间，精力也很受限。对这些反应应该提前做好充分的预期和其他安排。

大部分妈妈患产后抑郁症的原因在于：

（1）刚生完孩子，妈妈的身体和情绪都是比较脆弱的。

（2）这些新手妈妈，往往没有正式学习相关课程、没有被有经验的人教过，不知道怎么照顾新生儿，育儿技能水平有限。

（3）如同上面生活故事中的妈妈，在孩子出生前学习了很多育儿知识，但在实际照料孩子的过程中，责任心很重的她没有可以商量和学习的人，越是知道初生孩子的脆弱，就越是有压力，担心自己做得不够好。

（4）近年的亲子教育中有些过度强调“超人父母”的教育理论，也会对这些新手妈妈们造成很大压力。

（5）周围的人把重心都放在了关爱孩子上，而忽略了对孩子妈妈的关心。

（6）不仅忽略了对孩子妈妈的关心，甚至还给她施加很多不合时宜的压力。孩子一哭、一生病了，周围的人就指责她，“你是怎么带孩子的？”“你看把孩子搞成什么样子了？”等等。

有些家庭认为，生了孩子就应该知道怎么做妈妈，孩子带好了是理所当然的，孩子有问题则都是妈妈的错……

最近几年关于产后抑郁症的报道越来越多。实际上，并不是什么事情都做不了了才是抑郁症。因为历史文化的影响，我们很多人还是把这些“心理疾病”的状态，当成简单的“家事”，或者是“家丑不可外扬”，但不论是把它当成小事而忽略、硬扛，还是把它当成耻辱而回避，都不是一个正确的态度。

就如同这个故事中的医生，可能还在用“传统”的方式想要“保护”这位妈妈——回避妈妈，悄悄把爸爸拉到一边，告诉他妻子可能患有抑郁症，却没想到这个“保护”的动作恰恰反映出医生自己对抑郁症的“不可见光”的认知，从而使有同样认知的孩子爸爸产生愤怒情绪，造成了矛盾激化。这是非常不恰当的做法。

在地域文化和教育水平存在差异的背景下，人们对心理健康的重视和关注程度的差别比较大，有些地域的民俗对心理疾病还是持保留或排斥的态度。

但随着时代的发展，越来越多的人开始认识到一个人或多或少都会存在心理问题，国外许多家庭常年都会与一位心理咨询师保持联系。现在国内越来越多的人开始关注这个问题——

如果我们遇到困难可以寻找专业人员帮助。

我发现，来我这里咨询抑郁症的朋友们，凡是有家人陪伴的，相对于那些自己一个人来的朋友，好转速度要快很多。为什么呢？

就好比一个人生病了，要去医院，他是一个需要被照顾的人。如果有人和他一起见医生，医生不但会告诉他自己如何养病，还会告诉陪伴他的人，如何帮他办住院手续、准备什么饭菜、在他昏迷的时候如何找到医生、在他脆弱的时候如何鼓励他。这样他是不是会好得更快？

但如果一个患重大疾病的人，所有的住院手续都需要自己办理，吃什么都要自己操心，虚弱时没法及时找到护士和医生，当然恢复得比较慢了。

所以，周边的人一定要在照顾孩子的同时，尽量理解和照顾好孕妇和产妇，关心她们的情绪。在她们做得还不够好的时候，与其严加指责，不如安慰、帮助，然后慢慢教授育儿方法。

准妈妈和新手妈妈也一定要为自己争取减压的帮助，提早学习和规划，避免孕产期“两眼一抹黑”的焦虑心态，同时不要完全把注意力放在孩子身上，适度地观察自己的成长，给自己足够的肯定和支持。如果抑郁情况比较严重，一定要寻找专业人士咨询，因为这个时候简单的陪伴、家人的支持和安慰已经不足以解决问题了。

当然，这些都是在问题发生之后如何减少危害的建议。我们在后面的内容中将会谈到，应该在怀孕前进行更多的预防和准备工作，做好家庭分工，在照顾孩子的同时也需要照顾好新妈妈。这样，当新的家庭成员来临的时候，会减少很多手忙脚乱的情况。

part 2 呼唤暖心爸爸

1 孕产期不是妈妈孝敬老人的时候

【生活故事：月子期间被赶出门的妈妈】

就在我写此书的前几天，一位产妇在月子期间被丈夫和婆婆赶出家门。

孩子妈妈还在坐月子，而丈夫在孩子出生之后只有两三天在家。孩子妈妈和孩子、婆婆一起生活。婆婆平常不喜欢说话，孩子妈妈自己带孩子，加上身体太虚弱，感觉力不从心。

某日，孩子爸爸晚上终于回家吃饭。饭桌上，孩子妈妈觉得婆婆煮菜太过油腻，婆婆生气。旁边的丈夫对妻子非常生气，认为“让老人照顾你本身就是不孝”，现在还“挑三拣四”，还说“不想吃就不要吃”。

双方起了口角，最后婆婆和丈夫一起把这位产妇赶出了家门。

这几年，类似的案例在互联网和新闻播报上常有。

有些丈夫担心老人过来帮忙带孩子过于辛苦，所以要求妻子不要让老人做太多的事情，或者要求妻子多照顾老人的需求，但这样往往迫使这些本身就需要被照顾的新手妈妈，既要照顾孩子，又要照顾老人的情绪，就会无法专注于对孩子照顾方式的学习和自身成长。在中国，刚生完孩子的女人身兼多职，几乎无暇关注自己。

而如同我们现在所知道的，孕产妇本身就是需要照顾的对象。假如老人的身体还算健康，没有大的毛病，从孕期后半段到孩子出生三四个月的时间内，都应该以孩子的成长和产妇的休养为主要的阶段性家庭目标。

关于这一点，新手爸爸必须做好心理准备——一个新生命的诞生，会导致整个家庭工作量增加，每个人都会感觉不适应。这是每个参与照顾者都应该做好的准备，不论是孩子的爸爸妈妈还是老人，都是如此，只不过分工不同而已。所以，如果老人感觉辛苦、不适应，这不是孩子妈妈的错，而是因为现在家庭情况变更而产生的问题。只有每个人都多付出一点，才能确保新成员的稳定成长。

还有一个很重要的问题是，要搞清楚这个阶段老人在家里的定位是什么。是来帮助照顾孩子的，是来照顾产妇的，还是爸爸想要表现自己的一颗孝心的对象？

这些问题其实都很重要，但在这个阶段，哪个问题更重要？很明显在这个阶段，因新生命的出生而衍生出各种需求，可能会让“孝心”不能得到太多体现。这正是年轻的爸爸们必须要做好心理准备的。

有很多老人爱护着年轻的爸爸妈妈们，并且付出全部精力帮助他们照看孩子；也有些老人认为，“把你们养这么大，还要给你们看孩子”，不愿意帮忙带孩子；有的老人受过去“老为尊”的思想影响，觉得任何时候都应该是作为老人的自己最需要被孩子们关注和照顾。老人抱着不同的态度，年轻夫妻们必须要客观地接受这些事实，看清楚老人的需求是什么，然后看看在这个阶段，孩子、妈妈、老人的需求能否兼顾。

如果不能兼顾，则要进行选择，衡量当下什么需求更重要。

年轻的爸爸们在处理家庭成员冲突的时候，切忌分不清轻重缓急，盲目地讲求“孝道”。在某些家庭当中，刚结婚时的二人世界还是很好的，一旦有老人加入，夫妻关系立刻出现各种不和。

这样的家庭不建议老人参与带孩子，因为矛盾、冲突会过于激烈，这些都不利于产妇的恢复和孩子的成长。如果小家庭需要帮助，不如考虑请保姆、月嫂等，并且通过教养孩子，夫妻共同成长，让自己的小家庭更加适应时代发展，让家庭中每个人的身心都健康发展。

孝敬长辈无可厚非，但在这个阶段，新手爸爸要做的并不是要求成为新手妈妈的妻子去照顾长辈，而是应由新手爸爸去孝敬长辈。那么新手爸爸就需要提前做好准备，在工作的同时照顾好家里人。如果实在抽不出空，雇用专业月嫂和保姆都是可以选择的方式。

当妈妈在生死线上迎来小生命的时候，爸爸就需要在外围给予她一个恢复安全的港湾。这是一个有担当的爸爸需要做的事情。

2 产后分房有弊端

【生活故事：不要让父亲“角色缺失”】

一胎生完坐月子的后半段时期，老公开始和我同床休息了，大部分情况下他都是缩在角落休息，而我在喂养孩子，需要帮忙时才叫他。

到二胎时，因为家里房间多，老公也是等我生完过了三四个月，才过来和我一起休息的，主要的原因是我不需要他照顾孩子。我在喂养孩子方面已经很熟练，觉得多了一个人在旁边帮忙反而是个负担，老公也乐得清闲。

但到后来我心理上开始需要他了，其实就是需要有人睡前和我讲讲话，拥抱一下。

于是我和老公商量："白天你上班了见不着孩子，晚上又不和我们母子俩一起休息，孩子怎么成长的你都不知道，以后老了想想多可惜啊！虽然晚上一起睡可能闹一点，但你也能感受到孩子的气息，能感受到做妈妈的不容易，到时候你会跟孩子更亲，会更理解我的状态，这样我们会相处得更好。另外，睡前逗逗孩子、跟我聊聊天，这样的画面多美好。最重要的是，你睡在我身边，我觉得特别有安全感，很踏实，很舒服，而且不是特殊情况我不需要你帮忙，你就放一百个心啦。"

然后，我老公亲了我一口，二话不说，爽快地答应了。

他是会累点，可是他会慢慢习惯，和孩子也会更亲近，共同面对家庭责任的感觉也会让彼此更了解。

在这里我们看到一位妈妈的成长和自身智慧的觉醒，也看到一个事实，即很多的爸爸不是不疼爱妈妈，只是他们不知道女人在这个时候和平时有什么不同，她们需要自己怎样做。所以故事中妈妈的坦然邀请，让爸爸欣然配合。在生活的磨合中，妈妈和爸爸都在成长。

针对分享中谈到的分房，下面展开探讨。

如果因特殊原因而短期产后分房，所造成的影响不会太大，而长期的分房不但会造成爸爸对孩子的成长过程无参与、少共鸣，时间久了还可能导致以后的“父亲教育的缺失”，还会在一定程度上造成夫妻关系的疏离。

对一个人过度地体谅，只会造成他在这个方面不成长；如果对方长期过度地不体谅，会造成他无能力承担这个方面的责任。

在妈妈生完孩子后，爸爸不要光顾着关心孩子，首先要看看孩子的妈妈，感谢她的辛苦和努力。

有了孩子后，女性最缺的就是睡眠，尤其是晚上频繁夜起，睡眠多次被打断。好男人会在这个时候，让妻子多休息、多睡觉，帮忙冲奶粉、抱孩子。在妈妈抱孩子的时候，爸爸也多抱抱妈妈，多问问妈妈有什么需要。在这个特殊阶段，爸爸牺牲一点自己的睡眠时间，对整个家庭都是必要的。

生完孩子的妈妈们，不要看她们很多人是胖乎乎的，实际上大都身体虚弱。像爸爸帮孩子洗澡等这些事情，不但减轻了妈妈的负担，还能够增进爸爸和孩子的亲子关系。

养育孩子期间，各种各样的事情，会让妈妈们不自觉地产生压力。爸爸们多听妈妈们“唠叨”“发牢骚”，这有助于她们缓解压力。爸爸可能因性格或工作繁忙，在照顾孩子的具体事务中帮不上忙，但是在调节心情这方面，他可是起着关键性的作用呢！

如同故事中妈妈分享的最后一句话，“他是会累点，可是他会慢慢习惯，和孩子也会更亲近，共同面对家庭责任的感觉也会让彼此更了解”。所有的付出，都是会有收获的。

让爸爸们和妈妈们一起在照顾孩子的过程中成长吧！

产期是妈妈最虚弱的阶段。一个男人爱女人的方式之一，就是在她最虚弱、最需要呵护的时候，自己做一些牺牲，和她共同面对，这是必需的。

3 暖心温情给助力

【生活故事：暖心爸爸】

说实话我特别感谢我老公。我产期恢复得不错，和他有很大的关系。我妈妈来这里主要照顾我的身体，而我的心理和情绪主要是我老公照顾的。

我从怀孕开始脾气就变得特别坏，经常控制不住自己，很小一件事就会让我心跳加速，发脾气。怀孕前做事都可以慢慢想一想，再做下一步，怀孕后就很难做到。

我老公的习惯是少说多做，他讲得特别少，平时特别喜欢倾听。在我孕期容易情绪化的时候，我因焦虑而说出很不好听的话，他都会很愿意听我讲，然后跟我交流育儿的事情。

另外，当家里出现一些纠纷的时候，比如我和我妈有了矛盾，他也很愿意听我诉说。在我情绪很激动、状态很不好的时候，他就让我休息，然后他去帮助我进行调节。

除此之外，他很愿意帮忙承担家庭的一些责任。周末晚上我们一起带娃，因为我比较辛苦，他有时候6点多就起来，带着孩子去玩，然后给孩子煮饭，喂孩子，换尿片。这些事情他都独自承担了，没有让我帮忙。

又如他是公务员，本来今天是要24小时值班的，他特地跟别人调了班来陪我听这个讲座，而且他很愿意参与亲子教育这个过程。

我觉得找到他挺幸运，他很关心我和孩子。

深厚的感情，不是一见钟情的心动，不是一次浪漫的感动，而是在日积月累中沉淀出来的，在小事中感到的温暖，在烦琐中收到的浪漫，在点滴间感受到的关注……

一方付出，另一方感恩地接受，是一段感情的良性配合。爸爸贴心呵护，妈妈悉心感受，这样恩爱的小夫妻令人羡慕。

随着近年越来越多的亲子综艺节目和“明星爸爸”的出现，越来越多的人开始关注父亲在孩子教育中的重要性。网络上流传着各种打趣爸爸单独带孩子不靠谱的视频和文章，但美国科学院研究却证实，在照顾孩子的过程中，爸爸大脑中的“哺育网络”会被激活。有趣的是，当孩子母亲在周围的时候，父亲的这个脑回路就关闭了，他们单独和孩子在一起的时间越长，这个脑回路的活跃程度就越高。

爸爸单独带孩子还能促进爸爸的育儿技能发展呢。所以如同这个故事分享中的爸爸，给自己很多单独带孩子的机会，以后当然是越做越顺手了！

同时，妈妈不要因为自己太能干了，就独自承担起照顾孩子的责任，也不要一下子就对爸爸要求太高，或者各种不放心。在爸爸带孩子的时候，停止在旁边碎碎念，教过他以后，给他和孩

爸爸们一定要明白这个重点，可以先观察护士和其他人如何抱小孩、换尿片、和孩子玩耍，然后一定要争取自己和孩子单独相处的机会。

子一些时间和空间去练习和成长，当然，妈妈也可以利用这些时间，放松一下。另外，一直只有妈妈带的孩子不容易完成依恋转移，因此爸爸的接手与联合，对孩子建立良好的依恋关系状态也有非常重要的帮助呢！

4 “我要你”——妈妈也风情

【妈妈分享】

我在孕期和产期过得非常舒心，主要有两方面的原因：一是我和我家人平时相处不错，我孕期反应不大，而且我妈懂得怎样照顾孕妇；二是我属于比较会表达需求的人，需要什么、想吃什么、想做什么会直接表达出来。

怀孕的时候，我在撒娇时，会要求老公进行配合，比如：洗完头后我自己不吹，而是坐在桌子旁边让老公帮我吹头发、梳头发；我还给老公提了个口号，“我老婆是我女神，是我最爱的女人”，等等。

正如前面所说：很多的爸爸不是不疼爱妈妈，只是他们不知道女人在这个时候和平时有什么不同，她们需要自己怎样做。所以爸爸要学习如何爱妈妈，妈妈也要学会大声说出“我需要你”。

恰当地表达自己的需求，是很重要的一种能力，更是孕产妇特别需要的一种能力。

生产后的妈妈不仅要照顾孩子，也要适当地给自己时间来观察自己的状态和需求。因为没有人比你更了解自己的状况。疲惫至极的时候，可能需要一个温暖的拥抱来让自己放松；看着镜子中穿得松松垮垮、不再精致的自己时，想打扮一下，然后听听别人的赞美，让自己这个曾经的“辣妹”不会觉得“做了妈就没了自己”……每个“为母则刚”的妈妈在不断努力的过程中，也有着脆弱和敏感的心，需要被关注和被鼓励。

与其什么都不让先生做，然后一脸愁苦，内心碎碎念，“你让我天天带小孩，我都累死了”，不如像故事中的这位妈妈一样“表达”如何能让自己开心，对他大声说出：“老公，我要你……”这让丈夫在感觉自己价值感提高的同时，也增添了夫妻生活的小情趣。

part 3 提前做好家庭规划

1 提前做好家庭规划的必要性

过去人们说“先成家后立业”，现在的一些年轻人开始奉行“先立业后成家”，这也不失为一种新时代的家庭建立的基础。

但不论是先成家，还是先立业，对于两个年轻人来说，先成家了，没钱可以一起立业；如果等事业稳定后成家了也有好处，至少两个人的心性相对成熟，在彼此的相处中可能会更加理解和支持对方。但在要孩子之前，还是希望年轻父母慎重。

一段婚姻，涉及的不仅仅是爱情，还有生活琐事，甚至是财务规划和家庭发展规划等。在要一个孩子，并想给他一个良好的未来之前，必须提前做好要孩子的前一年，以及孩子出生后三年的家庭发展规划。这里面包括责任分工、经济配置、彼此的时间安排、工作和家庭的平衡等。

【生活故事：一团麻的孕期生活】

我是一位全职妈妈，大女儿今年9岁上3年级，同时我也是一位怀孕6个多月的准妈妈。

在要二胎之前，因为工作的关系，我和孩子爸爸有一年多的时间处于周末夫妻的状态，而我们的家庭教育也很长时间处于单亲家庭教育的状态。孩子2岁以后几乎所有的养育任务都由我来承担，孩子爸爸唯一的任务就是赚钱。

在相当长一段时间内，我们家庭当中孩子爸爸的角色是基本缺失的，我身体状态又不佳，所以好长一段时间我都处于极度焦虑的状态。

等到我们要二胎的时候，我意识到自己没有能力担起养育两个孩子的重任，目前对大女儿的养育都有些力不从心。于是我和先生商量可否改变一下工作状态。幸运的是我先生恰巧也能回来工作了，于是我先生就开始慢慢加入到对大女儿的养育当中。

但是最近4个月，慢慢地又出现了一些问题。我感觉在孩子的养育之路上总是会出现很多我意想不到的问题，比如，孩子以前很乖，遇到事情都会说“马上做”。但近段时间，她突然变得不听我的话了。自从爸爸回来以后，女儿遇到事情时开始变得“左右摇摆”，她会去爸爸那里寻找避风港，我也不能再用原来的方式去要求她，而她爸爸总说我太强硬。

这些问题让我处于很焦虑的状态。

女人怀孕之后，往往不能维持特别稳定的情绪状态。孕妇本来就是一个需要被照顾的角色，但很多女人原本是一个家庭的主要照顾者，在怀孕后她必须经历一个身份转变、角色转变的过程。

有的女人是在怀孕之后，随着身体和情绪的变化，一点点开始转变的；还有一些家庭在这个问题上僵持着，导致孕妈的身体和情绪状态越来越糟糕。上面故事中的妈妈明显在怀孕后才开始重新分工，从而导致困难多多。

（1）故事中的妈妈，作为一名全职的家庭主妇，在孩子2岁到8岁的6年时间里，她一个人围着孩子打转，几乎把自己所有的精力都放到了孩子身上，却压抑或忽视了自身的情绪和兴趣爱好。且由于很少与先生沟通、交流，导致先生并不了解她的生活习性、需求和敏感点，从而导致了两个人几乎成为“熟悉的陌生人”。在最需要温柔相伴、体贴关心的第二个孕期，虽然先生回归家庭，但妈妈本身可能得不到自己想要的呵护，同时还面临着各种摩擦和磨合。

值得注意的是，从描述中可知，妈妈在孕前就焦虑了很长时间，这说明她对于现状非常不满意，但一直没有找到解决的方法。这些存在的问题会随着第二个孩子的出现而消失呢，

还是更凸显呢？

就如大家所知道的，想要让一个人形成习惯是需要脑力和心力的。爸爸多年来没参与家务的习惯并不是一两天可以改变的，而且需要考虑家务其实也是非常烦琐的，即便开始改变，也需要妈妈大量参与。而对于已经怀孕6个多月、身体反应比较大、容易感到疲惫、情绪波动比较大的孕妇来说，体力、精力都是很有限的。这便导致了在这个阶段不论如何调和，夫妻关系都不容易让妈妈满意。

（2）大孩子的教育问题也在这个时候出现转折。案例中的大女儿作为家中老大，对生二胎这件事情是非常敏感的。任何要生二胎的家庭都必须对大孩子做心理建设，关注的核心应该是大孩子的安置问题。而案例中这位妈妈很明显忽略了这一部分，并把重心直接转向二孩。这也是大女儿近段时间开始不听话，妈妈和养育多年的大女儿开始出现关系不和谐现象的一个原因。

而先生看起来并没有认同妈妈原有的教育方式，并且也毫不隐瞒和避讳，经常当着孩子的面说妈妈的教育方式“太强硬”。妈妈可能担心，如果把老大直接交给爸爸，自己这么多年含辛茹苦独自带孩子的情感会不会被挑战。大孩子现在对妈妈的对抗态度已经开始引起妈妈的紧张，而爸爸对孩子表现出的支持或默许态度，会对孩子和她之间的关系发展产生怎样的影响？并且爸爸这种多年没管过孩子、上来就“放养”的方式，对孩子的成长是不是真的好呢？万一两年后还给自己一个“调皮的孩子”怎么办？

（3）故事中的妈妈因为对大女儿的成长有遗憾，所以特别希望老二的成长不会重复过去，希望自己能“完美”地照顾好他。但是，她不可能从老二的教育中回避自己在老大教育中的失败感，这会导致她和老大、未来的老二和老大之间的关系恶化。同时，作为一名高龄产妇，又有太多情绪和心理问题需要解决，她需要认清目前自身的处境——无论是从情感上还是身体上，她都很难完全把注意力放在老二的教育问题上来，成为一个百分之百的老二的照顾者。这个不恰当的自我期望也会让她在无法达到期望时有强烈的挫败感和自责感。

这几件平常就会让人头疼的事情，遇到孕期敏感的情绪状态和虚弱的体质，对孕妈来说，真的是火上浇油！甚至会在原来的问题上造成一些新的、更大的家庭问题。

所以主动地进行孕前规划，对于每一个准妈妈和准爸爸来说都是很有必要的。一些分工、人员安置的工作都应该是在怀孕之前就开始考虑、商量和准备的，包括以下这些问题：谁来照顾产妇？谁来照顾孩子？大家的共同目标和各自分工是什么？这些问题都需要落实到具体的计划中来。

就如同爱情不是简单地说一说，而是要通过大量的表现，让人看得到一样。对一个新生命的爱与欢迎，也不是简单地在心里想一想就可以的，需要正视。认真、细致地准备，才会有好的、轻松的开始。

> 我比较相信“临危不惧”都是通过前期大量的准备和底气才拥有的，提前准备、提前规划是非常有必要的。

2 和联合照顾者的提前磨合

当年轻的夫妇发现光靠两个人没法完全完成带娃任务的时候，就需要更多的亲人来帮忙，那么请谁来帮忙才合适呢？

很多人认为谁有时间谁就来帮忙照顾一下吧，比如相对空闲的外公外婆或爷爷奶奶。有的父母和照顾者在孩子快要出生的时候才聚在一起讨论，这时才发现问题多多、矛盾多多，才开始进行彼此之间的情绪、情感、方式、方法、理念、观念的融合。但有些融合是需要很多的精力和时间的，短时间内的调整难以达到理想的效果。

所以即便是邀请一些亲朋好友来帮忙，也要提前进行磨合。大部分小家庭一直都在过小两口的生活，直到生孩子的时候才把帮助照顾的亲人或保姆接进家里，但此时家庭成员之间的相互了解程度比较低，各种碎碎念、埋怨、斥责、争执等一旦出现，往往会让父母和照顾者疲惫不堪，继而影响对孩子的照顾。

【生活故事：新晋妈妈说不出的烦闷】

在我坐月子期间，我婆婆对我非常好，她将她认为有营养的东西都做给我吃，每天给我准备一大堆吃的东西，也不会让我冻着，门窗都不让我开，也不让我下地，把我照顾得很细致，但是我为什么就感觉非常难受呢？心里憋得慌。

后来我想了一下，她每次给我做的食物虽然是有营养的，但不一定是我喜欢吃的。我也挺听话的，每天一大碗油腻腻的下奶汤，为了孩子就喝下去了。

另外，她还不让我老公和我一起住，而是她和我住在一起照顾孩子。说是担心我老公不会照顾孩子，我自己又照顾不好，和我住一起方便照顾孩子，同时也是体谅我老公上班辛苦，让他多休息。

这样一来，感觉特别累的时候，几乎就没有机会得到老公的安慰和拥抱。

出了月子，我整个人胖了20斤。听说吃得好会胖，焦虑也会胖，我属于哪种情况呢？

每个地方的老人在照顾媳妇坐月子的时候，方法都不太一样。比如西北人坐月子喜欢喝醪糟，东北人则喝小米粥，广州人坐月子吃猪脚姜，梅州人则吃客家娘酒炖鸡。一个习惯喝小米粥的女人，嫁进一个喜欢吃猪脚姜的家庭，坐月子时突然吃起猪脚姜可能甜腻得受不了，猪脚姜是很有营养的滋补食品，却不是这个媳妇想吃的。

而人们都说一个人虚弱的时候，原来的一些习惯就会更频繁地出现，比如说家乡话、吃家乡菜等。坐月子的时候，有的新手妈妈可能也会出现这样的情况。

所以故事中提到的“婆婆对我很好，我还是很憋闷”的感觉是可能存在的。

这位老人家按照自己的经验很认真地照顾媳妇坐月子，只不过在这期间，她们并没有交流过关于“媳妇自己想吃什么、想要什么”的事情。

同时，如同我们前面所讲，“不要让爸爸放弃照顾新妈妈的机会”“也不要让爸爸缺席养育孩子的

过程”，所以，我们不建议老人和新手妈妈一起睡，很多新手妈妈更习惯让先生陪着自己度过坐月子的夜晚，这让她们更加安心。

所以坐月子之前，双方就应该探讨下彼此所在区域坐月子的风俗是怎样的。最好一家人在一起生活一段时间，相互磨合，适应彼此的生活习惯，并且提前商量好产前、产后的事情，比如，坐月子的时候新妈妈想吃什么？可以吃什么？不可以吃什么？以免双方之后在这些事情上起冲突。如果这些事情不提前商量好，等到坐月子的时候再去磨合，一旦出现冲突，产妇肯定会产生负面的情绪。

老人和年轻人的价值观和习惯磨合，最好不要放在孕期和孩子0—3岁期间，尤其不要在孩子0—1岁的家庭敏感期进行。一方面孩子太弱小，需要精心照顾；另一方面则是新手爸妈也处于慌乱的学习阶段，“稳定的支持”对于他们来说很重要。如果照顾孩子的同时还要面对复杂的家庭关系，会让他们压力更大。

与只做饭、收拾家务的保姆的磨合还比较简单，但如果是需要可以稳定且长久地贴身照顾孩子的、和家庭成员相似的角色，就应该提前和他们有一些往来和互动磨合。

part 4 联合资源

1 寻找专业外援支持

【妈妈分享】

我怀孕8个月了，老公的工作非常忙，基本上一个星期能有两个晚上在家一起吃饭就已经是非常不错的了。可是我现在的身体反应越来越明显，浮肿也开始出现，我仅仅是照顾自己的身体已经顾不过来了，更不要说每天还要打扫卫生、洗碗洗锅，还有其他的工作要完成。

我希望他能够回来多照顾我一点，可是他总是为了工作，没有办法满足我的需求。

他偶尔回来也会哄我，嘴很甜地对我说："你不想洗碗就不要洗了，我明天早上起来再洗"，然后拉着我让我休息。但第二天早上起来，他又忙着去上班了，锅碗还是在那里。

所以后来，每当他说这种话的时候，都会让我怒气冲冲，"知道你就是这个样子！"这时他又会解释说他也很忙，也很累，也需要被照顾，这样一来我的情绪会再次被放大。

双方的矛盾很容易激化，并且怀孕的时间越长，这种感觉越明显，我很担心会影响孩子的状态。怎么办好呢？

我们从两点来看这个问题。

（1）问题分析：这又是一个夫妻双方没有提前进行磨合和改变的故事，如同前面的案例所示，这样临时要求先生改变家庭分工的难度比较大，因为之前的家庭分工也会影响他的工作目标设置，现在如果想增加先生的家庭工作任务，可能还会涉及先生的工作状态的调整，这就不再是一个小问题了。如果没有提前准备，不太容易一下子改变。

（2）建议解决方法：

第一，孕妈降低自己的要求，允许自己和他人做力所能及的事情，实在做不到，也不要过度地要求彼此，安抚好自己的情绪。如果你想改变他，那也要在自己有精力的时候，再想办法影响和改变他。这个问题需要有心理预期。

第二，坚持对生活的要求，邀请他人配合。

我们有时候对家庭寄予了特别完美的期望，我们希望的是“我做不到的，家里人都能做到”。但家应该是一个相互尊重的地方，虽然有时候能够相互包容，但也有两个人都难以做到的“死角”，不是所有的习惯和喜好都是可以改变的。

如果不能用家人分工的方式来解决，那就邀请外人来帮助。

若年轻父母对生活和教育品质要求比较高，且家人能力有限，又来不及磨合、调整的话（比如老人家与自己有不一样的标准），我个人建议要学会花钱买专业的服务，这个实际上是新时代的家庭必须要具备的一个新的观念，即不要把所有的希望都寄托在你家庭中的其他人身上，要学会花钱买专业的服务。

与过去请人帮工就是“坐享其成”“好吃懒做”的说法不同，如今社会分工越来越精细化，对工作能力的要求也越来越高，社会竞争越来越激烈，有时候确实会出现工作忙到顾不了家的情况。因此想要在家庭和工作之间达成平衡，每个人势必在专注于自己的社会角色的同时，学会运用其他社会资源来兼顾家庭和孩子教育，如月嫂、保姆、家教等。

现在上门服务的种类越来越多，服务的分类也越来越细，这是社会发展的必然趋势。人与人的相互需求会越来越强，并通过不同的行业价值交换来完成这个互助过程。尤其在经济发达地区，这种社会化表征会越来越明显。

所以，如果年轻父母都身处竞争激烈的行业，本身又对生活的品质有一定的要求，可以考虑寻求专业的帮助，共同完成养育孩子的任务。

2 教育需要资源联合化

我们前面谈到的联合资源的概念非常重要；但如何在经济能力有限，又没有老人可以帮忙带孩子的情况下，获得好的资源呢？

我特别把这点作为一个专题来谈，因为我觉得不论家庭里面有没有专业的支持，下面要谈的这一点都是非常重要的。

【生活故事：妈妈互助】

小晴上幼儿园了，楼下的悦悦还在吃奶。小晴妈妈可以在白天帮忙照料悦悦，而悦悦妈妈则可以在孩子大一点之后，周末带两个孩子一起玩，让小晴妈妈空闲一天做其他的事情。

首先，建立良好的邻里关系和朋友圈。比如一个小区的邻居，或者是一个单位的同事，几个妈妈联合起来，平时大家生活和工作都比较忙，可以轮流照看孩子。

我们可以看到，一个又一个的妈妈群，她们经常一起带娃，不但可以互相交流带娃过程中遇到的问题，相互鼓励，给予支持和心理安慰，而且可以在时间上互相协调。这是一个很好的方法。

其次，及时关注政府给予社区的一些优惠政策。现在有些社区定期开展亲子课堂，还提供生活保健、孕产妇和老人关怀等免费服务，有些社区针对外来务工家庭还有一些特殊帮扶。此外，有些物业管家也能提供类似的服务，甚至个别的物业管家还提供帮助看管小孩半小时的服务，这些免费的服务都是我们可以利用的。

再次，妈妈朋友圈的作用不仅仅体现在对妈妈的支持上，对于孩子的交友也有很好的帮助。孩子2—3岁期间，开始出现发展同伴关系的欲求。我们大部分的父母，总是鼓励孩子去跟陌生的小朋友打交道，但这个阶段的孩子还不能独立地去处理外在的人际关系。

什么原因呢？因为这么大的孩子，他的自我认知度不够，对外安全感不够，他的身体控制能力和情绪控制能力也不够，他们彼此之间不小心相互伤害是很正常的事情，如果单单让两个这样的孩子去相处，相互有了冲突、拒绝、伤害和不安全感，他们大多会认为别人是不好的，而同时自己也会产生挫败感，这会影响他们无意识中对别人和自己的认知。

我们不难发现，一般都是妈妈们先成为朋友，然后孩子们才容易成为亲密的伙伴。

如果是一起生活在大家族中的孩子，或者是在几个妈妈的朋友圈里一起长大的孩子，当孩子矛盾激烈，双方都拒不认错的时候，大人可以共同出面来进行调节。

> 如果把对外交际的这个责任完全交给孩子，孩子有可能会越来越胆小，或者自我保护意识过于强烈，对其他的孩子产生排斥和不信任感。

这时候，妈妈替自己的孩子跟对方孩子道歉了，对方孩子也会出于对阿姨的信任，而更容易原谅自己的孩子。他心里会想，“没关系的，阿姨会教他、会管他的，他会变得更好的”，他甚至会对对方的孩子增加一点信任。

如果你想要你的孩子未来的交际能力好，先要建立你自己的朋友圈。另外，在大人之间相处非常融洽的情况下，大人的相处方式对于孩子来说也是个良好示范。所以，家长们要学会联合起来带孩子。

总之，要学会联合资源，不做“超人父母”。当家里形成合力的时候，我们的幸福指数也会相应增加。如果妻子的时间不允许，则可考虑让丈夫帮忙；如果丈夫的时间也不允许，在家庭情感和分工的和谐度都很好的家庭里，不仅男方父母能搭把手，女方父母、双方兄弟姐妹等也能给予一些支持。如果以上的资源都不能借用，朋友、邻居、社区和社会上的专业人员也是可以联合的资源。

0—3岁孩子的家庭教育，不仅要帮孩子进行自由探索，还要经营家庭、联合资源。父母的眼界越广阔，孩子的安全范围就越宽，潜力发挥的空间就越大。

培养孩子人际交往能力最好的一个方式就是爸爸妈妈先建立朋友圈，然后让孩子在这里面培养良好的人际关系和信任度，自己进行远近关系的选择。他愿意跟谁多玩一点，愿意跟谁少玩一点都没关系。

扫一扫，马老师
亲自传授育儿技巧

08 家族联合与分工

part 1 目标与分工

1 整体规划

（1）整体规划的必要。

一问到生孩子需要准备什么，大部分人都会告诉你：“奶瓶、纸尿片、吸奶器……”这些都是从物质需求的角度来考虑的物品。

我常常听到一些年轻父母发牢骚，提到家庭成员之间的矛盾问题，但是很少有人能把问题解决的。大部分家长往往只注意到了对孩子身体的照顾，却忽视了紧张的家庭关系、纠结的教育理念对这个阶段孩子的爱好、情绪、潜意识以及未来发展会产生的影响。

我看到过当一位爸爸怒吼妈妈的时候，一个多月的孩子也被吓哭。当爸爸抱起他的时候，他还是不断哭泣，而当妈妈抱起他，他就停止了哭泣。孩子似乎天生对人的情绪能量场非常敏感，这也许和他们天性中的不安全感有关。同时，在3岁之前，由于他们说话、表达、确认和了解事物的能力有限，他们的不安全感容易被激起，便常常处于挫败的状态，因此对周围环境的波动更敏感。几乎每个对于他们很重要、会影响他们生活的人的情绪，都能被他们清楚地感觉到。孩子在任何时候都需要一个和谐、温暖的环境来缓解他们的不安全感。

所以，家庭环境的和谐状态对孩子的影响是毋庸置疑的。如果一个家庭中，夫妻婚姻美满、成人之间充满温馨、较少发生摩擦，那么会使孩子的依恋的安全感增强。相反，如果成人之间多是愤怒的交往，则会直接影响孩子的安全依恋。

如果家庭环境不好，或者主要照顾者个人的身体和情绪状态不好，那么家长所学习和谈论的教育理念就很难在现实生活中运用。

（2）兼顾家庭需求，制定总体计划。

【生活故事：爱孩子，也要爱老人】

一个四世同堂的家庭，孩子的曾祖母生病了，奶奶因此非常焦虑。

在父母眼中很细心、沉稳的奶奶，很可能没有足够的耐心静下来面对2个月的孩子，这种情况怎么办?

有的时候，即便老人有照顾孩子的能力，但是由于精力不足，不一定能够把孩子照顾得很好。在这种情况下，我们建议:

第一，不安排奶奶照顾孩子;

第二，把奶奶的需求也兼顾进来，做成大的家庭计划。比如大家将照顾曾祖母、小宝贝和奶奶都放进整体计划中，分工协作。

不论是为了孝敬老人，还是想让他们有更多的精力来照看孩子，关注老人的需求都是必须要做的。

不能为了解决一个问题而造成另一个问题，孩子的身心成长、老人的健康都是家庭大事，需要被同等对待。

一个和谐的家庭要设置的目标并不仅仅是教育孩子，我们所说的“达成共识”是一个家庭整体成长、家庭成员集体关注的一个方案设置。如果我们设置的目标仅仅是围绕着育儿，那么就有可能面临这样一个问题：这个方案不能持久实现。只有尽量兼顾家庭中所有成员的需求，这样的方案才会持久实现，同时家庭成员之间的关系更容易呈现出互相尊重、互相体谅、和睦的状态。

因此计划的制定，不是硬性强调某一个人的重要性，比如永远都是以老人为主，或者以孩子为重；也不是硬性强调某一种分工职责的重要性，比如挣钱是最重要的，或者照顾家庭是最重要的。而是家庭每个成员的需求都会得到尊重，并且整体重心会随情况变化而有所不同。

在孩子0—3岁的阶段，如果不是面临家人生死、家族企业危难攸关等重大事件和问题，建议家庭在兼顾各方需求的同时，以孩子为关注的重点。

（3）标准的统一。

家庭教育联合体的共同价值观和信念必须是统一的。

如同在前面的部分我们已经谈到过，如果信息量过多，是会影响孩子的智力发展的。在统一的价值观理念下，虽然有不同的人用不同的方式爱我们的孩子，但是我们传递给孩子的信息是统一的、稳定的，不会有太频繁的变化，太多的变化会影响孩子的体验和学习。在统一的价值观和信念之下，不同的方法相互配合，才不至于让孩子在适应的过程中，因为太多不同的信息而混乱。

【妈妈分享1】

我建了一个家庭群，就是把保姆和双方的父母都拉进来，大家有什么问题在里面聊，或是分享一些比较好的育儿文章，大家一起交流。我希望，起码在理念上大家要达到统一。

【妈妈分享2】

我和先生，还有我妈妈一起照顾宝宝，宝宝从6个月开始参加早教中心的课程，那里会有一些专业知识的学习，我们可以一起去或者轮流去。这样一来，我们之间就可以减少很多冲突。

孩子的照顾团队中，应该有主要的教育核心人物、情感核心人物，还有具体事项的执行者。团队中的人共同配合，形成一个良好互动的家庭团队，这对孩子未来顺利进入复杂的社会，会有一定的帮助。

一般来说，教育理念一致的家庭在这个方面比较容易达成共识。同时，整个家庭如果有可以一起学习的机会，共同学习如何相互配合地教养孩子，如何建立家规，等等，当一些理念和观点保持一致的时候，很多问题自然会被解决。

（4）选择合适的照顾者。

当年轻的夫妇需要帮忙时，应该请谁来帮忙呢？

为了能形成统一目标和标准，选择合适的人来共同照顾孩子，并且让这个群体形成合力，非常重要。也就是说，在每个阶段，选择谁和孩子的父母共同来照顾孩子，也是提前规划的一个部分。

合适的照顾者的特点

- 这个阶段照料孩子，照顾者需要性格温和、有耐心、讲卫生，懂得怎样和孩子进行良性沟通
- 愿意尊重孩子的父母，以一个协助者的身份帮忙照料孩子
- 愿意沟通、学习和改变。如果想长期一起照顾孩子的话，这一点最重要。否则，在家庭教育中将很难形成统一的标准

同时，参考哈洛的实验，我们也需要思考：是不是所有人都适合照顾孩子？

不合适的照顾者的特点

- 过度焦虑的人
- 有暴力行为的人

可短期介入配合的照顾者的特点

- 身体比较虚弱的人
- 性格执着，不愿意改变，哪怕是一起学习后，依然不愿意改变的人

2 合理分工

【生活故事：怎么看因老人不懂教育给孩子带来的“不好习惯”】

我先生很忙，很少在家，平时总对我说：“老人来帮忙不容易，不论做了什么，尽量理解，不要埋怨，能做成什么样就是什么样，这也是孩子的命。”

我的小孩由爷爷奶奶带大，的确没有养成多少好习惯，对此我很担心。

小孩的爷爷奶奶文化水平不高，也不爱看书。小孩从小就跟他爷爷奶奶住在一起，没有养成良好的阅读习惯。学习环境、教育环境都不好，老人家也没有引导孩子形成良好的习惯，对孩子的整体成长和发展没有起到明显的良性作用。

小孩上了幼儿园之后也没有学到什么东西，上小学后连加减乘除这些简单的数学运算都不会，也不爱看书，没有突出的优点。

这种情况该怎么办呢？

事实上，在这个故事中我首先感觉到的是，在老人帮忙照顾孩子时，妈妈会略显挑剔，在关心年幼的孩子的同时，缺少了对孩子爷爷奶奶的尊重。

相对于教育孩子的能力来说，一个孩子如何看待爱护他的每个人，会影响他未来怎样看待身边的人，以及选择怎样的人际关系处理方式。

我赞同孩子爸爸的一部分观点，“老人来帮忙不容易，不论做了什么，尽量理解”，但我不赞同后一句，“能做成什么样就是什么样，这也是孩子的命”。

我也赞同孩子妈妈的观点，“要给孩子一个好的教育环境”，这是一份送给孩子的很重要的礼物。

但我不赞同的是，环境中不足以让孩子良好成长的部分（请注意，这里我说的是“不足以”让孩子良好成长的部分，而非“不利于”孩子良好成长的部分），表面上看是由爷爷奶奶造成的，但实际上是在孩子的法定抚养人——他的爸爸妈妈的默许下，共同造成的！

老人只是协助者，如果孩子的爸爸妈妈不想让老人照顾孩子，大可让老人回家或者把孩子接回来，但不要在老人给你帮助的时候，把孩子教育失误的问题全归咎在老人身上。要知道是孩子的父母选择谁来带孩子的，如果老人没把孩子带好，父母难道不需要承担责任吗?

如果大家的目标是为了让孩子和家庭变好，那么每一个人对待孩子的方式都会有它的价值。衡量一个人在家庭中的作用，首先要看他的价值。既然父母选择让老人带孩子，就说明老人有一定的价值。要正确看待老人的价值定位，不要抱有过高的期望。所以，不要只看到老人的缺点，因为我们每个人都有不足之处，我们应该看到老人的优点。

孩子的养育分养、教、管三个部分。事实上一些不太会“教”孩子的老人，反而对孩子很有耐心，他们在“养”孩子方面可体现出非常好的性格特质。尽管他们对孩子的知识引导并不多，但对于2岁之前的孩子建立稳定依恋是特别有优势的。一个孩子2岁之前处于一个不断接受教育的状态，不见得是件好事。这在前几章当中我们已经有所讲解，在孩子早期的能力培养过程中，不适合太多外来的干预。我们可以请老人来帮忙照顾孩子的饮食起居，以及充当孩子独自玩耍时的陪伴者，他们往往能做得很好。

当我们客观地认识老人的特质以后，就会明白如果让老人帮忙带小孩，我们应该怎样根据特质安排他们的分工。而不是认为老人来了，就把教育孩子的任务交给他们了，这对老人的期望过高。

如果想让孩子接受更好的教育，需要借助其他具有影响力的元素，比如父母自己、专业早教和其他训练机构。同时，父母可以通过有效沟通，清楚地告诉老人，他们只需要做好哪些方面就可以了，其他的时候他们可以好好休息。

不要简单地判断能力有限的老人“不适合带小孩”，而应根据他们的能力进行合理分工。别让孩子的教育成为老人的义务和责任，教育孩子是通过多方努力才能完成的。

3 明确的分工和清晰有效的沟通

如同我们之前所说，个体的成长会受环境因素的影响，在不同的社会背景之下，我们的教育模式一般也会发生变化。当今社会，很多女人都不再是全职太太，她们和男人一样上班，没有办法在3年内稳定陪伴和照顾孩子，因此，妈妈在家庭教育当中的定位会发生改变。

即便现在信奉新型教育理念，某些传统的教育方式和老人多年的育儿经验也有一定的积极作用。

在确定共有的理念和方法之前，如果父母与老人两代人产生分歧，可以寻求教育专家的协助，学习和运用专业的知识来解决这个问题，最后定下家庭教育的方向。

有了清晰的家庭教育方向、清楚的分工和相互体谅的心态，才能让照顾孩子的人选稳定，保姆不会轻易离开，老人也愿意留在这里。

【生活故事：老人和保姆的冲突】

我家的老人经常会和保姆发生冲突，其实也不是什么大事，大部分是一些在处理生活琐事时的观念上的问题。比如：拖地，老人家说要这么拖，保姆觉得应该那样拖；保姆洗衣服是这样弄，老人家有不同的做法；给孩子洗澡，保姆说要如此，老人家觉得这样不对。

的确，不同的地域、不同的背景会导致育儿方式有差异。而我们并不适合过多掺和这些“小事”，所以一般就不了了之，但是下次类似的冲突还会发生，一次又一次，真不知道怎么办才好。

大部分的家庭冲突，都是因为一些生活的琐事，但这些琐事累积起来，就会在每个人心里积攒很多的不愉快。千万不要小瞧这些“琐事”，因为正是它们组成了我们的生活。你越小看它们，它们就越容易给你带来难以忽视的麻烦呢！

下面我们来认真地分析一下。

第一，分工磨合，需要一个人来做主，该是谁呢？

如果老人和保姆是刚刚开始合作，还没有太多的情感互动，那么让老人和保姆来确定谁对谁错，这个问题就不好解决。因为对于一些保姆来说，她内心考虑的可能是：“我的雇主是孩子的爸爸妈妈，孩子爸爸妈妈都没有意见，你们的想法我也不会太在意。我只听给我工资的人的安排。”

因此，决定权应该在孩子的爸爸妈妈那里，对双方的观点进行判断、取舍，然后安排分工。

第二，分别和孩子的爷爷奶奶及保姆进行沟通确认。

在某些方面，孩子的父母需要在保姆面前授权给爷爷奶奶做主，让保姆在这些方面要按老人家的意思来，也可以对老人说，“爸爸妈妈有什么想法可以告诉我，我来跟保姆沟通”，然后由“我”这个家庭的主人进行协调。

另外，孩子的父母也要和老人说清楚，请保姆来的目的到底是什么，是帮忙做家务，还是带孩子，抑或是照顾老人的身体。

在照顾孩子的过程中，我们各自的分工是什么，我们只需要求保姆把她职责内的事情做好就行了，其他的部分可以不做太多要求。

比如，请月嫂来主要是为了照顾孩子，假如她做家务并不出色，可以教她做，但不要要求太高。家中每个成员都需要根据自己的长处进行分工配合。

我的邻居去年刚生了一个宝宝，他们对于月嫂和宝宝外公的定位很清楚：月嫂是来帮忙带宝宝的，所以不会要求月嫂去做饭和扫地，宝宝外公会帮着干家务，有时忙不过来，月嫂也会一起帮忙。因此家里非常和谐。

最后总结，制定一套有效的家庭分工规则，包括以下内容。

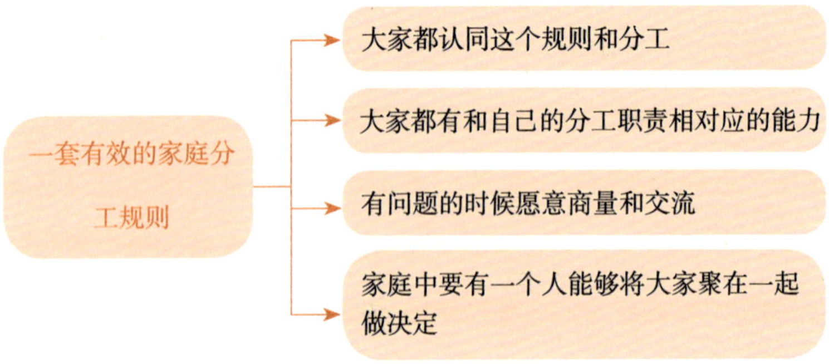

part 2 暂时的分开，成熟的爱

【爸爸分享："孝"与"爱"的阵痛】

我是一个二孩爸爸。

以前我们夫妻跟孩子的爷爷奶奶住在一个小区，彼此照应方便。怀二胎的时候，已经有了大儿子，但是太太上班的地方在市中心，住的地方就显得太偏远了，她上班起码要等半个小时的车，而且线路正好是非常拥挤的路段，每天上下班都很不方便。后来太太和我说，女性如果在怀孕期间身体和心理压力太大的话，会有很强的压抑感。

所以我们两个人商量后决定，把在郊区的两套房子租出去，然后用那笔钱租一套大一点的、离她工作的地方近一点的房子。

但老人听说了就很不高兴，因为他们希望孩子出生后，能够经常看到孙子，且家里请了保姆，他们觉得也能够照顾我们，就不想让我们走。当时老人也很固执，在旧观念的影响下他们认为，"你是我儿子，哪怕你成家了，现在三十几岁了，你还是我儿子""这个家还是我说了算"。老人不容易跟我们小辈妥协。

但我们新时代年轻人的观念不一样，我们认为这是我和她的家、我和她的未来，我不仅要孝顺父母，还要考虑我的小家庭的发展和需求，而这些则需要我们夫妻两个一起做决定、做选择。

我认为妻子在这个时候怀孕，她的状态更紧急、更迫切、更需要被考虑，因为这个阶段的她最不容易，而老人只是想多看孙子，以后多带孩子回去看望老人就好了。所以最后我们还是决定要搬出去。而关注的问题就在于如何向父母表达坚持搬出去的意愿。

当时太太身体状况和情绪都不太稳定，不能经受大的心理波动。而且我觉得如果把这个冲突当作父子之间的问题，比较容易处理，让媳妇掺和进来的话，老人的面子就更下不来了，不利于他们后期修复关系。所以，我就采取了和父母私下沟通的方式。

我先和比较容易沟通的妈妈谈，然后和爸爸谈话。可能因为我是一名警察，经常要协调各种各样复杂的关系，所以进行协调沟通会比较有经验。即便如此，当时父母还是不开心了一段时间。现在孩子已经出生几个月了，我们一直在租的房子里居住，但和爸妈的关系也慢慢恢复了。

如同前面所说的，当妈妈在生死线上努力迎接小生命的时候，爸爸就需要在外围给她一个安全的港湾。

这位爸爸在遇到原生家庭和自己的小家庭的需求和冲突时，对两个家庭的协调和分离处理得比较好，对太太和老人的认知比较成熟，因此最后老人的接纳度也比较高。

现在把这种做法的优点总结如下。

当矛盾、冲突很大时，解决的时候一定会有难处，不可能让每个人都感到舒服，在当时一定会有一方或者多方妥协，这是一个必然的过程。只要把握好“明确这个阶段谁的需求更重要”的原则，其他问题以后再去慢慢调节、修复和完善。

比如，这位父亲考虑了孩子妈妈现在的身体需求，也考虑了老人“想常看到孙子”的需求，但在这个阶段，太太的需求更急需被考虑，因此老人的需求以后再满足。

爸爸选择了暂时分开，这是对每个人都负责的态度。

另外，通过这个故事我还想提出三点建议。

第一，孩子的爷爷奶奶在这个矛盾产生的初期，因为一直以来的权威受到了挑战，和爸爸产生了很大的冲突，但他们依然在后面的几个月时间里，慢慢接受和解，愿意重新理解小两口。这个结果，一方面是因为爸爸处理问题的方法很好，另一方面也是因为孩子的爷爷奶奶确实在乎小孩，因为心里有爱，所以才愿意体谅彼此、相互理解。

关系永远都是相互的。从这点来说，年轻的爸爸妈妈更要珍惜年迈的爷爷奶奶愿意和解的心。

第二，有时老人不放手，可能也因为我们的能力让他们不放心。

在老人面前，有些年轻父母确实像还没长大的孩子。一些学历高、领导力强，外人都认为很优秀的年轻爸爸妈妈们，在工作上驰骋一方，但在家里可能呈现出另一番景象：衣服是老人洗的，床是老人铺的，孩子是老人带的……所以老人不放心、舍不得放手，即便他们的方式很武断，内心却是满满的关怀和爱护。不分开，也是为了方便照顾自己的孩子们，但越不放手，年轻的父母越无法成为真正成熟的父母，他们永远只能是“孩子”。

所以，在磨合的过程中，年轻的父母们需要允许老人提出某些质疑，也允许彼此的冲突和矛盾存在，同时不断让自己成长，具备承担责任的能力，从而让老人看到并相信他们可以用自己的方法过得很好，这样才会让老人放心地放手。

对于“孝顺”与否的理解，不能简单地以“老人是不是高兴，是不是满意”为标准。

第三，自己小家庭的独立和对原生家庭的感恩之间，往往会产生冲突和阵痛，这是我们每个人都会面临的问题。我常把两个人从原生家庭的剥离到组建新家庭的过程，比喻成“生孩子”，新生家庭就是个孩子，原生家庭就像待产的妈妈。

不同的“妈妈”生孩子的过程也会不同，有的生得很顺利，没有经历太多痛苦，“孩子”就生出来了；但是大部分“妈妈”都是需要经历一些阵痛的，阵痛过后，这个“孩子”才会从原生家庭当中脱离出来，成为独立的个体。这个阵痛就是彼此之间的冲突、矛盾，还有种种不满意、不舒服的磨合。

成年人不能简单地复制和听从他人的经验和意见，而要在尊重老人、肯定过去的价值的基础上，用新的看待事物的视角，总结老人的经验，并在此基础上发展和创新，为一个家庭的未来提出更多、更好的建议，并且身体力行地带头执行，产生良好的影响，将其变成家庭文化的延续和发展。

所以，一方面，整个家庭要有一个科学的教育理念作为整个家庭的指导，而不是以某个人的思想认知为主导；另一方面，要多一些智慧，多花一些心思来考虑，如何在努力向前时照顾到彼此的短板、个体的感受和需求，相互支持、共同学习和成长，让家庭和谐度与亲密度都越来越高，同时每个人都更有价值和存在感。

part 3 无沟通，无希望

【生活故事：老人在我家什么都要说了算，我该怎么办】

妈妈：“我老公平时特别忙，而且不管什么事情都把自己的父母放到第一位，他对我说过‘不管我爸妈是对的还是错的，你都必须听’。只要公婆有一点点不高兴，我们之间就会发生‘战争’。可是哪会有人一点不高兴都没有呢？所以我们家经常爆发‘战争’。”

我和他之所以在一起，其中一个原因就是他很孝顺，我认为孝顺父母的人，对身边的人一定不会差。可是现在看来，他对父母孝顺，对老婆却是另外一回事。我感觉自己一点说话的权利都没有，这里不像我的家。

比如，他的父母对于房间的整洁度没有太多要求，而我希望自己的家里干净、整洁。他们没来的时候，我工作之余自己打扫卫生，还可以每周请钟点工来家里帮助我打扫一次，窗户、厨房油烟机、皮沙发等都可以很好地清理一下。

老人来了之后，不允许我再请钟点工，说如果请钟点工就是不认同他们的能力，而且还发脾气说我乱花钱。但事实上，父母年纪大了，没法擦窗户，不会清理皮沙发，他们也没有经常清理厨房油烟机的习惯，这些家务就全部需要由我自己来完成。

可是现在有了孩子，我还要照顾孩子，而孩子爸爸说老人年龄大了，不要让他们洗奶瓶、洗衣服，他自己工作忙，于是每天换的奶瓶、衣服都要我自己洗……

结果，房间要我打扫，孩子要我自己管，衣服还要我洗……我真的忙不过来了！

除此之外，有时候我说自己做家务，老人会说："是因为你事情太多了，有洁癖！你不要那么挑剔就好了，非要自己没事找事！"原来他们认为我对整洁和干净的要求是因为过度挑剔，我对生活品质有要求就是我"事多"。忙碌的生活与工作让我几乎没有时间去分辨什么，每天就是干活、干活，却还是过不了自己想要的生活。

可我认为家里干净、整洁就是生活的基本状态，有了好的生活环境，住着舒心，对孩子的行为习惯的培养不也更好吗？假如让我做家务，他们带孩子，这不是本末倒置了吗？我到底是孩子的妈妈，还是家里的保姆？

其实我并不期望老人能够完全认同我们的生活方式，但是如果把我和他们不同的地方认为是"没道理""没事找事"，我实在是感到很难受。

有一天晚上好不容易把孩子哄睡着，看着堆在卫生间的两

盆宝宝的衣服和数个奶瓶，还有客厅里到处乱放的东西、发黑的沙发，我难受极了。过去那个精致、有情调的家去哪里了？我自己是对住所环境非常敏感的人，整洁的环境更能给我安全感，脏乱的环境让我感到很不舒服，但我现在每天都在这样的环境中生活。

这样的生活持续一年多了，现在如果不是为了孩子，晚上下班我都不想回那个家。有时候真的觉得这样的生活完全不是我想要的，但和孩子爸爸的感情基础很好，所以舍不得离婚。我真不知道该怎么办了！

当一个人的想法不被允许存在、不被其他人接受和认同时，他在这里就不会有归属感，就像故事中女主人的疑问：这是我的家吗？

很显然，一言堂的状况往往并不适合新家庭的成长。

学习型的家庭愿意去了解新事物，愿意接受科学的教育理念并将其作为整个家庭的指导，而不是以某个人的思想认知为主导；民主发展型的家庭，会允许不同的声音存在，并进行有建设性的讨论。

作为新时代的先生，他是让妻子一点都不能质疑老人，必须无条件顺从老人呢，还是要妻子在态度上尊重、心理上关心、方法上与老人探讨呢？

在现实生活中，我们常常看到，很多老人本身愿意探讨育儿和生活方式，但是因为男主人的强势“孝道”要求，导致妻子产生心理压抑。我们必须看到，过去的父权、夫权的观念，现在在很多地方还隐隐存在，一些年轻妈妈们的能力、成长也受到这些观念的压制，因此而产生的夫妻矛盾、家庭沟通的信任的损失，远比表面上看到的所得利益（如有人给孩子定时做饭）要大得多。无条件顺从老人是对孩子妈妈的不尊重，且不利于一个年轻家庭的成长。

因此我们必须要警醒，慎重对待这种情况，要在真正的“孝顺”“尊重”和新家庭的成长之间寻找科学的解决方法。

在这个案例中，一个有生活追求的职业女性，遇到受过去传统教育的老人，在生活理念和生活追求等各方面，彼此之间的冲突非常大。

如果想要达到老人期望的“好媳妇”的标准，完全对老人“忍让”，表现“贤淑”，就很难拥有她想要的生活品质。那些作为学习成长型的个体在后天所拥有的知识素养，在这些“好媳妇”的标准和定位面前，变得对家庭毫无作用，失去了影响力。

而家庭中男主人的角色缺失，让媳妇和老人的冲突直接暴

露，矛盾激化。

事实上，现在的家庭模式和过去相比已经开始改变了，大部分的老人有自己的家，年轻人也有自己的家，不像从前一样所有人住在一个大宅院里。所以每个家庭中的角色定位和功能就必须发生一定的转变。如果强制听从和复制老人过去的生活方式，社会就无法向前发展。

如同上一个警察爸爸的故事一样，新生家庭的经营，应该首先由这个家庭的男主人、女主人和孩子共同决定、相互配合、协同负责，在夫妻和长辈之间发生冲突的时候，夫妻首先要有共同处理事情的能力。

但不论是从道德角度，还是从家庭成长的动力角度来说，孝敬老人都是必须坚守的，这是我们要传承的美德。

所以，如果理念出入太大，最好不要长期一起生活，允许双方有自己的生活方式，互相尊重和理解，然后保持一定距离，慢慢地互相影响。

像这个故事中的男主人，面对老人时的心理还不够独立，和老人分开居住比较好。如果还需考虑对老人的照顾，可以住在比较近的地方，如一个小区内的两套房或上下楼层等。

但最重要的是，培养小家庭的独立建设能力，学习新的家庭观念，寻找更加有效的社会性帮助资源，拥有更多一起面对和解决问题的同伴，等等。

同时，尊重是相互的，年轻人尊重老人，老人也要尊重年轻人。其实大部分老人都非常尊重儿媳妇，认同她们是和自己儿子共同组建的新家庭的“女主人”。即便过来帮忙带孩子，定位也是“帮助”，而不是“替代决定”；即便有时候和年轻父母有冲突，他们也努力分享着自己的经验，因为他们始终想要把自己最好的经验都传授给孩子们。

但老人们也有困惑的时候：给孩子们提供“帮助”的界限到底在哪里？

对此，我有几点建议。

第一，如果老人想影响或者改变年轻人，但感觉无力的话，可以寻求一些专业的意见和帮助，不要仅仅凭借经验和年轻父母争论。

第二，某些暂时解决不了的冲突、判断不了的对错，可以选择保留探讨，可以实践后看看效果再讨论。

第三，如果是短期无法解决的矛盾，干脆放手让孩子们过自己的生活，让他们为自己的选择负责。

第四，如果老人实在达不到儿女的要求，可以回家做些自己喜欢做的事情，不要硬碰硬，让时间来说话。这样自己也轻松，大家都得到尊重。

爱并不是只争朝夕的事情。学会保持距离，放慢脚步，我们才能兼顾自我的成长和亲情的经营。

一般来说，生活习惯差异大不是问题，任何一种家庭环境总有它存在的价值，我们要学会联合资源养孩子。但不接受沟通、不尝试理解、不做出改变，才是家庭和谐与发展的最大障碍。如果对彼此来说，相互理解、做出改变的可能性很小，不如暂时保持空间距离，以后再慢慢磨合，慢慢靠近。

part 4 完美的家庭合作

【妈妈分享】

我是两个孩子的妈妈。大的7岁多，小的1岁多点。我在生二胎之前有规划，所以回想整个过程，虽然一起生活的人很多，但是从孕期开始到现在都感觉特别舒心。

我们原来是和我爸妈一起居住，决定要二胎的时候，我们做了一些准备。

首先，我跟老公商量好，把隔壁租出去的房子收回来并装修好，我爸我妈搬到我们原来住的房子里面，然后我跟我老公、大儿子住到新装修的房子里，在快要生孩子的时候再把婆婆接过来。

其次，我跟单位的领导商量，我怀孕后可能做不了太多的工作，所以领导也很体谅我，减轻了我的工作负担。

然后，因为有了一胎的经验，我通过同事找到了熟悉的医生，提前安排好合适的产房。因为和医生在生产之前的对接准备很好，产房也熟悉，所以在小孩出生的过程中，我也感到非常舒适和愉快。

除此之外，我请的月嫂也非常好。关键是我找到她的时候跟她强调，必须“以我为主”，也就是说“你要用令我开心的方式来帮我”“以我的要求为主”，所以不管她煮的食物还是她做的事情都按照我的要求来，感觉很棒。

同时我还与我妈、婆婆沟通，以月嫂做的饮食为主，只要我喜欢吃，吃了身体没问题就行，即使做出来的食物和客家传统有冲突也别插手。

在这样的环境下，我坐月子时胃口超好，心情也非常舒畅。

我还有一个好的方法。7年前老大刚出生的时候，也是我第一次跟爸妈一块住的时候，我就召开了一次家庭会议，在那次会上我把所有我能想得到的家务活都列了出来，让大家挑选自己愿意做，或者适合自己做的家务，然后只要做好自己负责的事情就行了。

比如说我爸他最后就挑了买菜跟做饭，那不管他买得好不好、做得好不好，大家不要有太多的要求和怨气，不要说“你做得不好吃”“你怎么又做这个”“你不要买这些菜”。他的劳动成果，要得到尊重。但如果谁想换一个口味，那可以自己来做。

我妈因为上班比较忙，在家里主要负责补位。我老公又挑了一些家务。大家挑剩的家务由我来做。就按这个分工，这些年感觉不错。

后来我生了二胎，就把我婆婆也请来一起帮忙，也是按照这个规矩来的。

其实婆婆做饭也很好，但考虑到婆婆来我们家也就一年多时间，而我们和我爸妈生活了快10年，婆婆做饭的话，如果有人挑剔她会有压力，而我爸担此重任很多年了，心理强大，被提点意见更容易接受，所以就还是由我爸负责做饭。

同时，也考虑到婆婆更适合带小儿子，所以最后由我爸负责买菜、做饭，婆婆主要负责白天带小儿子。

现在他们的分工非常明确，配合得也非常默契。比如，我爸5点左右买菜回来，他会将晚上要做的菜放在灶台上，然后带小儿子出去玩。接着我婆婆会帮我爸把要煮的菜洗好、切好。等我爸回来，我爸做饭，而我婆婆给小儿子洗澡。我妈这会儿也回到家里了，再帮着干点其他的家务活。

这样有几个好处，一是婆婆带小孩一天会有疲乏之感，换点别的事做，也好清静清静；二是处理菜肉这些麻烦事我爸不爱干，刚好婆婆拿手；三是他们两个合作，有商有量，也没那么乏味，偶尔还能整出个新口味。

而我婆婆在晚上洗完碗筷之后就不需要管小孩了，由我和我先生以及我妈接手照顾，这时候婆婆也会觉得"我就想休息了"。

每一件事都是提前安排好、相互约定好的，每一个人都这样"无缝衔接"，并且衔接得非常好。

除了分工明确之外，我跟我老公都是客家人，我们的文化背景是相同的，能够互相理解，不会有太大的不容易解决的冲突。

除此之外，我婆婆是一个非常有智慧的老人，而我爸我妈也是通情达理的人，比较容易交流和沟通。只要和他们讲清楚为什么要这样做，他们都能很好地配合。

在我自己的小家庭中，因为我是产妇，所以在老二身上花的时间会比较多。于是在我生产前后，我多次和老公强调，他一定要以大儿子为主，功课和日常生活都要多多关心大儿子。同时，我和大儿子商量好，如果我在给小儿子喂奶，就耐心等等我，于是我会对他做到"有求必应"，只是他可能需要等待，于是大儿子也很快适应了。

现在，小儿子1岁多了，我们的重心和之前不同。由于我和老公白天都要上班，所以，我们上班时小儿子一般由婆婆和我爸照顾，而晚上由我和老公来带。另外，我妈也能搭个手 。

我先生主要负责晚饭后和小儿子玩耍，整理衣服，以及全家一周一次的大扫除。

我负责的部分是，晚饭后辅导哥哥写作业、带弟弟睡觉、陪哥哥阅读，以及家庭关系的全面协调和周末做饭等家庭活动的安排。

所以整个家庭的气氛非常好，包括孩子在内的每个人的状态都非常好。

这是一个非常成熟和完整的提前规划的例子，原因有以下几点。

第一，因为家里人比较多，并且家里添了人口，哥哥也已经长大，家里需要有更大的空间，所以故事中的爸爸妈妈收回隔壁出租的房子，来做好空间上的准备。

第二，提前在工作上做好一年半的规划，和领导、同事打好招呼，沟通好到时候如何配合。

第三，提前安排好医院、产房等各种生产的事项，不让任何突发事件制造不安全感。

第四，对月嫂的选择，注重“你要用令我开心的方式来帮我”“以我的要求为主”的原则，符合“愿意尊重孩子的父母，是一个协助者的身份”“愿意沟通、学习和改变”的联合依恋照顾者特质。

第五，注重沟通。协调家庭关系的时候有两点很重要，即家庭会议和家庭规则。故事中的妈妈通过家庭会议来进行目标设定和责任分工，将全家人的能力变成一个合力，这一方式用得很好，大家可以定期或不定期地通过这个方式进行交流和对话。

但要注意的是，对于某些家庭关系相对复杂、相互之间冲突激烈、很多问题无法共同探讨的家庭，还是适合先私下单个沟通来处理好家庭矛盾，暂时不适合使用这种方式。

第六，分工清晰，尊重每个人的劳动，每个家庭成员各尽其能，不互相攀比，又能实现各自的价值。

比如，婆婆的“收工”时间是晚上洗完碗筷之后，不管小孩怎么样，晚上她都不需要带孩子。每个人做好自己的本职工作，不越界。

而制定的规则既有规矩又人性化：

如果仅仅是简单地制定为“我爸负责做饭，其他人不能埋怨”，那一旦大家对老人做的菜产生厌倦，如果一直压着不说，时间久了也影响心情，暗地里还是会有埋怨的。

但如果建立的规则是“我爸负责做饭，如果谁不想吃也可以去做”，这样既考虑了职责分工又照顾了个体需求，还给大家一个可以换换口味的机会。

在立规则、讲分工的时候把这些内容定好了，所有人都按照这个规矩来做事，以后不管谁来了都是这样，大家就不会认为是“私人矛盾”，大大减少了沟通的成本。所以家庭整体规划和分工太重要了。

第七，双方家庭都是客家文化背景，符合了目标和标准统一的原则。

第八，配合衔接良好，符合分工清晰的原则。

第九，女方的父母和婆婆也符合参与照顾孩子的联合依恋照顾者特质：“愿意沟通、学习和改变”。

第十，孩子的父母主要负责抓孩子教育，老人帮助打理生活，符合孩子的教育需求。

大家族的好处是能够把众多不同的力量形成合力，但是如果这些众多的力量杂乱纷争，孩子被压垮的可能性也很大。

这是一个非常完美的家庭合作的故事，这种思维清晰的分工配置是经营家庭必备的能力。在此再次感谢故事中妈妈的分享，让我们有机会通过她的故事把家庭规划的各种可能串联起来参考，相信很多朋友都能从中得到启发。

最后要提醒大家的是，每一次家庭合作的成功，都不仅仅是妈妈爸爸的功劳，更是所有合作者的主动参与和主动改变的功劳，是大家的共同努力推进了对孩子成长有利的美好环境的建设。

因此，如果孩子的成长是顺利的，年轻的父母们要记得在“晒娃”的时候，心底常感恩老人、保姆、邻居、朋友们给予的帮助，定期或不定期地安排一些庆祝、感恩的家庭活动，让每个人都能从孩子的成长中获得喜悦，同时感受家庭成员之间互相认同和感恩的温情。

大人的欢声笑语是孩子安全感最直接的来源，即便会有未知的不安，但身为孩子的守护者的我们，如果总能微笑着面对不安，那么孩子心中的信心、力量就是足够的。

父母也要常感恩医生、社工、老师等其他社会支持力量，带着慢慢长大的孩子多学习爱护幼小、帮助他人，参与社区和社会的一些公益活动，延续当初别人帮助我们的爱心……

能被大家付出合力、努力地去爱和祝福的孩子，他未来的心理潜能是不可估量的。能够为爱而坦然承担责任和付出努力的孩子，未来才会有“为爱和责任崛起”的梦想。

后记

感谢阅读到这里的读者们，在我们将要分别的时候，还有一些“书外话”想和大家说。

这两本书的文稿完成于2017年6月8日凌晨，经历过波折，如今终于和大家见面，感谢大家的期待和祝福。

在写作这两本书的过程中，一部分文字使用了整理后的口述内容，一部分则使用了我之前的讲座内容，还有一部分是自己新写作的内容。我尝试着把养育0—3岁的孩子所需要注意的内容尽量完整地整理出来，同时提供一些简单可操作的方法给家长朋友们，希望能帮助新手家长们更加轻松、自信地照看好新的小生命们。

但在整理的过程中，我发现需要阐述的内容越来越多，以至于字数一度超过30万字，而且字数还在不断增加。这让我一方面觉得有信心能把这两本书写作好，另一方面又觉得如果想把孩子0—3岁的全部成长内容都放在这两本书中，能力实在欠缺。这个矛盾使得写作一度受阻。

直到有一天清晨，我在冥想的时候，恍然大悟！

是的，生命的内容太广泛了，所涵盖的范围非常广，并非当下两本书便能阐述。所有的理论、技术都蕴藏在孩子成长的过程中，我也只不过阐述了浩瀚知识海洋中的一粒沙，哪里有可能展现全貌！我只要把我当下所知道的最好的内容用心分享给大家就可以了。

于是我诚心诚意地删减、重新整理书稿内容，力求在两本书的范围内给大家呈现我所能分享的最好的内容！因此，如果书中有不足之处，欢迎大家指出来，帮助我日后进一步完善内容！对本书感兴趣的朋友，欢迎关注我其他有关孩子成长教育的账号，有了你们的陪伴和鼓励，我们会一起成长得更好！

因为我不是专业作家，字里行间难免有生拗和不流畅之处，还请大家多多谅解！

另外，这两本书在很多人的帮助下才得以完成，并得到很多朋友的关注和祝福，在此向各位表示由衷的感谢：

感谢广东经济出版社对我的工作的肯定和支持；感谢李鹏社长对出版本书的推荐。

感谢我曾经的助手廖文娟在日常事务上的帮助，让我可以有空整理这些文字；感谢技术助理吴海强帮助我整理近期所有讲座和口述文字的内容，大大加快了我的书写进度。

感谢华南师范大学的几位优秀的教育专业研究生，黄佩珊、谢文斯、鄢然、谭满妹，谢谢你们用了半个多月的时间，帮助我归类整理和编辑了近10万字的文字素材，让我对这两本书的写作思路有了更加清晰的想法。尤其要感谢的是佩珊和文斯，在这些文字素材的整理和调整、修改方面给了我很大的帮助！

感谢袁小婕在成为孕妈前，与我交流关于0—12岁孩子不同阶段的教育观点，帮助我把部分内容通过手机录音整理成文

字，并提供给我。

感谢妈妈们的故事分享，尤其是宸宸妈妈——彭思雁分享的几个非常精彩的故事。你们的智慧，使得这本书的内容更加丰富和完整。

感谢我的女儿在我整理书稿的过程中，给予我足够的理解和支持，让我得以顺利完成这项工作。

感谢我的朋友们和一起成长的家长们给我的祝福和关注！我爱你们！

另外，书中部分关于专业定义的文字引用于网络，感谢提供专业资源的网友。

还要感谢教育界和心理学界的前辈们，本书的内容是我结合多年工作经验来提炼书写的，同时也包含了他们的智慧和指引。感谢所有的专业前行者们！

最后，感谢认真的自己，希望马宁在以后还可以总结出更多有价值的内容分享给大家！

再次感谢您的阅读，祝您家庭和谐美满，人生顺利平安。

马宁

2021年5月8日

于广州工作室